●

夢を現実に変える方法

●

伊藤　真

JN266514

サンマーク文庫

はじめに

「夢を現実に変えられる人」の共通点は、何だろう——。

私は司法試験を受験する人たちのための受験指導校「伊藤塾」の塾長として、さまざまな人生の岐路に立ち会っています。

現役講師として、必死で勉強している受験生たちに講義をしたり、全国各地で憲法の意義を伝えるための講演会を行ったり、以前には弁護士としていくつかの事件を担当したりして、法律を扱う仕事に二五年以上関わりながら、多くの人とふれ合ってきました。そして、これらの経験の中で、「夢を現実に変える人は、何かが違う」と強く感じるようになりました。

たとえば、私が現在関わっている受験の世界では、みな自分の人生をかけて、真剣勝負で勉強しています。彼らは、司法試験合格という「夢」に向かって、日々努力しているわけです。

そうは言っても、もちろん試験ですから、必ず「合格」か「不合格」という評価が下されます。

一年で合格できたと飛び上がって喜んでいる受験生の横で、「一〇回目の受験でしたが、ダメでした」と肩を落として涙する受験生もいます。合格して世界をまたにかけて活躍している教え子もいれば、志半ばで病に倒れ帰らぬ人となった仲間もいます。このように夢を追いかけている人たちに日々接していると、否が応でもいろいろと考えさせられるわけです。

誰もがそれぞれ頑張っている中で、それでもやはり、「夢を実現できる人」と「できない人」がいます。

各々が、自分なりに頑張っているはずです。誰だって、人生は楽しいほうがいい、仕事はやりがいがあったほうがいいと思っているでしょう。特別、怠けているわけでもないはずです。目標を立てたり、本を読んだり、勉強したり、それなりに行動している。なのに、差が出てしまう。

いったい、「夢を現実に変えられる人」は何が違うのだろう。

その決定的な要素として私がたどりついたのが、今を大切に生き、自分を信じ、自分の「信念」を貫けるかどうかに尽きるのではないか、ということでした。

そんなの当然だとか、抽象的だとか、青臭いなどと思うかもしれません。

でも、つまるところ、「自分は夢を実現するんだ、夢を追い求めるんだ」という強い思いを持ちつづけることができるかどうかが、夢を現実に変えられる人の共通点ではないでしょうか。「夢なんて、かなうわけがない。そんなこと考えてもしようがない」と斜に構えるのではなく、「自分の夢は何だろう。それに向かって頑張ってみよう」と、徹底的に努力し、つき進むことが重要なのではないかと思うにいたりました。


私がこれまで、受験生に言いつづけてきた言葉があります。それは、「やればできる、必ずできる。最後まで絶対にあきらめずに頑張れ」というものです。

私は、こうした強い「信念」こそが、夢を現実に変えることにつながると思っています。しかしながら最近では、こうした言葉ははやらないようで、「頑張らずによい結果を出すほうが、かっこいい」とか、「挫折《ざせつ》しかけた道で、さらに努力を続けるのは見苦しい」という意見のほうが多いようです。たしかに、傷つきたくないとか、無力感を味わいたくないとか、そうした自己防衛の気持ちを持つのもわからなくはありません。

ですが、あきらめるのも人間なら、あきらめずにしぶとくくらいついていけるのも人間です。どのような生き方をするかは、その人の「考え方」次第なのです。

たとえば、夢をかなえる前から、「自分には無理なのではないか」とあきらめていたのでは、そこで終わりです。

でも、多くの合格者や成功者が一様に言うのが、「頑張って続けてきて、本当によかった」ということです。結果が見えないものに向かって地道に努力しつづけることは、本当に苦しいし、難しい。だからこそ、それをやり遂げるには確固たる「信念」が必要だし、「考え方」がその実現を加速させます。そして、やり遂げたあとには言葉で表せないほどの充足感が待っているものなのです。

イチロー選手が、あるインタビューでこう言っていました。「夢をつかむことというのは、一気にはできません。小さなことを積み重ねることで、いつの日か、信じられないような力を出せるようになっていきます」と……。

「夢」というのは、たとえば、司法試験に合格するといった「目先の目標」を言うこともあると思いますが、もっと大きな「人生の目的」を指す場合もあると思います。

どちらにせよ、私は「夢」というものは、他人の役に立っていると感じられること、自分の生きる意味をもたらしてくれるものだととらえています。

そう考えると、夢に向かって生きる人生とは素晴らしいと思いませんか。

夢を現実に変えてみたいと思いませんか。

そして、その方法があるなら知りたいとは思いませんか。

本書は、私なりに考え実践してきた「夢を現実に変える方法」の一端をまとめたものです。本の中で強調しているのは、今を生きる、自分を信じる、「信念」を持つといった、夢を現実に変える「考え方」です。「信念」があって、正しい「考え方」があって、夢が現実になるのだと私は考えているからです。

あなたの「信念」や「考え方」が、あなたの「未来」を変えていきます。

あなたが「どうしても夢を現実に変えたい」と思ったなら、それを強く念じてください。そうして、正しく努力してみてください。そうすれば、あなたに生きる意味を与えてくれる「夢」は、きっと現実に変わるはずです。

本書が、あなたの人生を輝かせる一助となれば幸いです。

夢を現実に変える方法　目次

第1章 すべては自分を信じることから始まる

第2章

なぜ勉強することが大切なのか

第3章 限られた時間をいかに有効に使うか

第4章 夢をかなえる生き方

装丁・本文デザイン　渡辺弘之
編集協力　乙部美帆
編集　桑島暁子（サンマーク出版）

第1章

すべては自分を信じることから始まる

「自分の心」次第で可能性は無限になる

私の主宰する「伊藤塾」には、日々、「夢をかなえたい」という志を持った数多くの人々が訪れます。

「伊藤塾」は、司法試験を受験する人たちのための受験指導校ですから、私が対峙《たいじ》しているのは「司法試験に合格したい」「法律家として活躍したい」という夢を持った受験生たちがほとんどですが、「どうして、その資格をめざすのか」「どんな法律家になりたいのか」といった夢の理由は、人それぞれまったく違います。

当たり前すぎてふだんは気にしていないかもしれませんが、人間はみな、違います。たとえば、試験に合格するのだって、一年で受かる人もいれば、一〇年かかる人もいます。そのどちらが偉いとか劣っているとか、そういうことはありません。ただ、違うだけです。

性格や趣味も、人それぞれ異なります。勉強が得意な人もいれば、運動が得意な人もいます。明るい性格、几帳面な性格。暗記が好き、作文が好き。人それぞれ、好きなものや得意なことはさまざまです。

人は違っていて当たり前。だから、素晴らしいのです。

このことは、科学の世界では、みな「遺伝子の働きのせいだ」と言われているようです。何かをする能力、何かを感じる能力、すべては遺伝子の働きによると。

「人間の可能性は、無限である」と言われる一方で、「生まれつき遺伝によって初めから限界が定められている」とも言われていますが、いったいどちらが本当なのでしょうか。限界まで努力している受験生を見るたびに、また自分自身も日々限界に挑戦している中で、自然とそんなことを考えます。

生命科学の研究は目をみはる勢いで進んでいますが、不可能と言われていた遺伝子解読もほぼ終了し、いずれは生命の基本的な設計図の全容がわかってしまうそうです。私たちの体をつくっている約六〇兆もの細胞の一つひとつに、すべて同じ遺伝子が組みこまれています。この遺伝子に、生命に関するすべての基本情報が入っており、そこの量は本にすると一〇〇〇ページの本、一〇〇〇冊分。そして、ヒトの遺伝子は、この膨大な基本情報を使って、細胞を働かせています。

ところが、ヒトの遺伝子の中で実際に働いているのは、全体のわずか五パーセントだそうです。残りの遺伝子がどうなっているのかは、まだわかっていません。

とすれば、眠っている九五パーセントの遺伝子は、あらゆる能力の可能性を秘めていると言えるのではないでしょうか。

「能力の可能性」について考えるとき、「心頭滅却すれば、火もまた涼し」という言葉を思い出します。これは、「どんな苦難に出会っても、これを超越して心にとめなければ、苦しさを感じない」という意味で使われます。

この言葉の直接の意味は、「頭を冷ませば、火さえ涼しく感じる」ということでしょうか。「外界からの情報が送りこまれても、本人にはその情報が感じられない状態」を示していると考えています。極端なことを言えば、暑さ寒さに反応する遺伝子をコントロールしていることになります。

これはたとえば、まわりの音も聞こえないくらい熱中するときの状態に似ています。

仕事や勉強に対して集中力が高まると、意識がそこに釘づけになって、ほかのことが気にならなくなるということは経験があるでしょう。

だから私は、可能性を最大限発揮するには、何よりも「自分の心の向け方」によるのではないかと思うのです。

人間の可能性は「自分の心の働き」によって無限になると信じています。だからとにかく、まずは自分を信じることが大切です。すべてはそこから始まるのです。

火事場のばか力のように、差し迫った何か特別なときに、それまでには考えられないような大きな力が出たり、とてもできないと思っていたことができたりすることが実際にありますが、これも遺伝子と何らかの関わりがあると私は思っています。

自分の中の遺伝子の九五パーセントは、ほとんど働いていない状態なのですから、もし自分が遺伝子に働きかけてそれを働かせることができるとしたら、はかりしれないほどの可能性を、人間は持っていると言うことができます。

科学的にはっきりと解明されていませんが、やはり「心」と「遺伝子」のつながりはあるのではないでしょうか。

「人は、その人が考えたとおりの人間になる」と私は考えています。「心」と「遺伝子」の関係があるならば、それが科学的にも真実だということになります。

つまり、「自分の心」が、可能性や状態を決めるのです。そう考えてみると、この世の中で起りうるすべてのことは、偶然から生じたわけではなく、必然なのです。

自分の人生の中で起こりうるすべての出来事は、「自分の心」が遺伝子に働きかけ、細胞がそのとおりに動き、自分の思いが引き寄せた結果と言えるのではないでしょうか。

まだ眠っている能力を引き出すことができるかどうかは自分次第。そう思うと、新たな希望がわいてくると同時に、大変な自己責任を課せられてしまったと自覚せざるをえないのです。

Message

人はみな違っているから素晴らしい。

あなたは「今」を生きていると断言できるか

よく、「伊藤先生は、いつも本当にお忙しそうですね」とか、「いつ寝ているんですか？」などと言われます。

年を重ねるごとに、ありがたいことに、いろいろなことをやらせてもらっています。たとえば最近は、朝四時に起きて、週一で七時からラジオ番組に出演し、午前・午後・夜と憲法の授業、季節ごとに各試験の集中講義、授業の準備もしなければいけませんし、さらに講演会や勉強会も全国で行っています。

これらのスケジュールだけを見るとなんだか忙しそうだと思われるかもしれませんが、自分ではまったく忙しいと感じていません。忙しい中でも「些細《ささい》なことに楽しみを見出す」という、自分なりのストレスマネジメント方法を編み出したからです。

私は、公園でベンチに座って、子どもたちの遊んでいる姿を眺めるのが好きです。

道を歩いていて空を見上げ、照りつける太陽をまぶしげに仰ぐのが好きです。太陽の輝きを見るたびに、「この太陽はさっきまでアメリカや太平洋を照らし出し、これからユーラシア大陸に恵みを与えていく。本当に世界中のすべての人々に分け隔てなく光り照らすという大仕事を、毎日黙々とこなしているのだな」と、しみじみ感動します。人と話をしているとき、歩いているとき、本を読んでいるとき、趣味に没頭しているとき、あらゆる時間を自分に与えられた貴重な瞬間として生かし、ただ純粋に楽しんでいます。

お昼には、コンビニのカルボナーラを買ってきて食べることが多いのですが、それも私には幸せな瞬間です。車を運転しているときはそのハンドルの感触、タイヤから伝わってくる地面の凹凸、信号の光加減など、あらゆるものが新鮮に感じられます。駅前の歩道橋から見える景色も毎日違う。歩道橋の汚れ具合も違う。そうした変化に楽しみを見出しているのです。公園を歩く機会があれば、足の下に感じられる大地をおおいに楽しみます。ばからしいと思うかもしれませんが、本当です。

毎日は、何も考えなければ、ただ淡々と過ぎていきます。息が止まるような、衝撃の出来事が、三六五日ずっと、自分に降りかかってくることもないでしょう。

でも、その一見つまらないと思われる日常の中に、実は感動的な営みが満ちているのです。そのことに気づけたなら、あなたの人生はきっと変わります。一瞬、一瞬、その瞬間、瞬間に、自分が生きていることを感謝し、実感できるようになります。しなければならない仕事の準備も、決済しなければならない山積みの書類も、提出物や原稿の締め切りも一切忘れて、その瞬間に入りこむことができるようになるのです。

だから私は、どんなに忙しくても、講義の合間などに、こうした瞬間をできるだけ持つようにしているのです。

私は、この本の中で「今を生きる」ということを何度も言っていきたいと思います。

将来の夢を持ち、それを強く思い描いて、そのとおりに今を生きようとすることは、とても大切なことです。

しかし他方で、自分の理想像を決めつけすぎて、無理にでもあてはめようとすると、つらくなってしまいます。自分の将来を、ステレオタイプに「こうでなければならない」と決めつけてしまうと、苦しくなるだけです。将来と比較して、「こんな自分じゃなくて、本当の自分があるはずだ」と悩みつづけても、何も始まりません。

たとえば、あるとき「弁護士になる！」と決心し、勉強を始めたとしても、途中でどうにもこうにもモチベーションが上がらないとか、うまくいかないというときは、弁護士以外の他の選択肢を考えてみてもいいと思うのです。なぜなら、「今」は移りゆくのですから。

自分の夢、本当の自分。

それは、簡単に見つかるものではありません。日々の自分の思いに忠実に、毎日を真剣に生きることから見えてきます。今を肯定し、ありのままの自分を受け入れることから始まるのです。

「今」という時間は、誰にでも平等にあるものです。それを、自分なりに、最大限楽しんで生きることが、自分の夢の実現に通じるのです。

「自分は、十分今を楽しんでいるよ」と思ったなら、ちょっと待ってください。あなたは、「自分のやりたいこと」に今、思う存分、取り組んでいますか。先送りにしていませんか。

私も、司法試験勉強をしていた初めのころは、「将来、こんなことをしてやろう」とか、「弁護士になったら、こんな車に乗りたい」とか、将来のことばかりを考えていました。そうして、つらい「今」を耐え忍ぼうとしていたのです。喜びを先送りにしていたわけです。そうすると当然、「今」はつらく、忙しく、面白くなくなります。そして、夢が実現できそうもないとなると、「時間を無駄にすごしてしまった」と思いこみ、自己嫌悪に陥ります。

これでは、いいことは何もありません。夢が、自分を不幸にしていたのです。

そこで考えました。「夢は、将来の自分のためにあるのではなく、今の自分を充実させるためにあるのだ」と。

将来のことを考えて楽しむのも、もちろんいい。ですが、それは「将来が楽しいから」ではなくて、「今、そのように考えていられる、自分の幸せを実感できる」から、楽しいのです。

自分に存在するのは「今」だけ。ならば、それを自分で意識して感謝しながら、せいいっぱい楽しもう。そう思ったときから、気持ちはずいぶん楽になりました。たとえ司法試験に落ちても、その間に勉強したことは無駄にはならない。勉強できる「今」も楽しむ。この「今を生きる」発想に転換してから、肉体的にはきつかった受験生活も、ストレスの少ないものに変えることができました。

あなたは今、太陽の光を感じていますか。

今、思い切り空気を吸っていますか。

今、大地をしっかりと自分の足で踏みしめて歩いていますか。

自分の人間としての営みを一つひとつ素直に受け入れ、喜んでみると、意外と幸せは身近にある気がします。

Message

夢は「将来の自分」のためにあるのではなく、「今の自分」を充実させるためにある。

「いやなこと」を受け入れる勇気を持て

前述した「今を生きること」は、誰でもできることです。しかし、意識しなければ時間はただ過ぎ去ってしまうので、簡単なことではありません。それと同じように、「あるがままを受け入れる」ということも、意識してもらいたいことの一つです。

たとえば、すべての力を出しつくしたという試練、大切なプレゼンや試験があったとします。

そのとき、予想以上に反応が悪かったとか、自分ではベストだと思ったのに結果がよくなかったとか、自己採点の結果と返ってきた評価があまりにも違うので混乱しているといったことがあるかもしれません。毎年、司法試験のあとは、受験生からそういった相談を何件も受けることがあります。

悪い結果はなるべく見たくない。受け入れたくない。それは、よくわかります。

しかし、どんな事実も、いったんはそれを素直に受け入れなければなりません。たとえ「自分には、原因はない」と思いたいようなことでも、自分のまわりで生じた以上は、それを受け入れなければならないのです。そうでなければ、前進できません。

苦い出来事の受けとめ方には、二つのタイプがあるように思います。

一つは、その事柄を一般化して、自分なりのルールとして受け入れる方法。教訓を得ようと頑張る人に多いパターンです。

もう一つは、具体的な事実としてその事件をそのまま受け入れる方法。とにかく、あるがままを受け入れるというパターンです。

ある試験に対して、最大限努力した。自己採点もよかった。なのに、不合格になってしまったとしたら――。

ある程度、気がまわる人の場合は、どうしてもその事実を一般化して、ある規範として自分なりに事実を解釈してから受け入れる傾向にあるようです。たとえば、「きっとマークミスがあったに違いない」というように。

この場合、事実が他人事になってしまう危険性があります。ダメージが大きすぎて受け入れにくいので、自分で一般化することによって、事実を中和して受け入れやすくしているのです。

事実を中和したことで、自分なりにうまく説明がつけばいいのですが、自分で理解できないときには、かえって混乱してしまいます。「マークミスがないように何度も確認したのに、おかしい」というような具合に、です。

それに対して、自分の身に降りかかった出来事を、そのままの事実として受けとめる方法は、勇気がいります。他人事ではなく、あくまでも自分の身に起こったこととして、ときにはあくまでも自分がまいた種の結果として、それを刈り取らなければならないのですから、ショックも大きく、大変です。

しかし、そのときに、意味を考えなくてもいいので、気楽ではあります。「なぜ不合格なのか？」と考えず、「そのうち理由はわかってくるだろう」と、のんびり構えていればいいのですから。ちょうどワインの熟成を待つような感覚です。

かつては私も、事実を教訓として、無理やり一般化してから受け入れるタイプでした。「なんでこういう結果になったんだろう？」と考えこみ、理由がわからないと不安になりました。「なんで自分だけ」と落ちこむことも、しばしばありました。

もちろん、何らかの教訓を引き出そうとすることは無駄なことではありません。しかし、たいていの場合、その教訓は気休めでしかないことのほうが多かったようです。反省することは大切ですが、「不合格だったのは、きっと○○のせいだ」と、その時点の自分で、早急に出した教訓が、その後に役に立った記憶はありません。そのときの自分の限られた頭で理解できることなど、たかが知れています。

悲しい出来事や残念な結果が訪れたとき、その事実を、ただそのまま受け入れる。その時点では、何も学べなくてもいいのです。そのとき考えた理由や教訓よりも、事実を正面から受けとめ、切り抜けたことの自信のほうが、きっと役立つはずです。

Message

早急に教訓を引き出そうとしなくていい。

勝つために、いったん負ける

あるがままを受けとめるといっても、どうしても悲しくて悲しくて、涙が止まらないというときもあるでしょう。

何年も勉強してきたのに、本番の司法試験で失敗した。どうしてもやり遂げたいプロジェクトだったのに、途中で撤退を余儀なくされた。大好きだった人に失恋した。

そういうときは、とにかくあるがままに、その苦しさや悔しさ、無念さをかみしめればいい。自分の気持ちを、素直に表せばいいのです。事実を受けとめ、負の感情を内に蓄えて、大きなプラスのエネルギーに変えていくのです。

これまで数多くの受験生や法律家を見てきて感じるのは、「人間には、しなやかな強さがある」ということです。

「しなやか」とは「しなうさま」を表します。その「しなう」の「しな」は、実は「死ぬ」に通じる言葉だそうです。

しなる姿。たとえば、やわらかく潔い、青い竹のしなりを想像してみてください。折り曲げると、ポキンと折れそうになりながら、ビーンともとに戻ります。それは、一度死にそうになりながら、そこで力をためておいて、それを次に一気に使って、さらに強く生きることを意味しているそうです。押さえつけられることによって、力は内部に蓄えられ、凝縮し、時が来ると大きな力となって爆発するのです。

つまり、勝つためには、いったん負けることが必要なときもあるのです。負けるが勝ちとはよく言ったものです。失敗やつらい出来事をいったん受けとめ、耐えることによって、のちにふさわしい舞台が訪れたそのときに、いっそうの大輪を咲かせるのです。

この世のものは、すべて変化します。変化は避けられません。

花は咲き、散る。人は出会い、別れる。人は生まれ、死ぬ。

今はもう存在しない「過去」や、現実ではない「将来」といった、影のごとき存在におびえる必要はないのです。過去があって、現在があります。現在があれば、必ず未来があります。その未来に向けて、「今」を生きることです。

うまくいかないときには、どうしても過ぎ去ったことばかりを考えてしまいます。「あのときにこうすればよかった」と、自己嫌悪に陥ってしまうときもあるでしょう。「次もうまくいかないのではないか」とか、「来年も不合格かもしれない」と、将来のことを思いわずらって、苦しくなってしまうときもあるでしょう。

これらの思いわずらいは、まったく意味のないことです。それは「今」を、生きていない。心が、今ここにあらずとなってしまっているのです。

過去の自分を責めても、何も生まれません。ならば、まず、過去の自分を許してあげましょう。とりあえず「よくやった」と、思い切り褒めましょう。そして、すべてを丸ごと受け入れれば、絶対に道は開けるのです。

Message

過去の自分を責めても何も生まれない。まずは自分を讃《たた》えよう。

「平均的」「一般的」という言葉から解き放たれよう

また同じような例を出してしまいますが、あなたに何かよくないことがあった場合、試験に落ちたとか、仕事で失敗したということがあったとします。

そのとき、「普通なら、現役で合格するはずなのに」とか、「入社三年目なら、一般的にはこれくらいできるはず」とか、自分で設けた「平均値」と比べようとする傾向があるように思います。

ちょっと振り返ってみると、「平均的」や「一般的」という言葉は、よく使われています。「平均的な日本人」とか「平均的な子ども」とか、試験の場面でも「平均的な学力」「一般的な受験生」というように。

しかし、厳密に考えてみると、「平均的」「一般的」というのは、いったいどういうことでしょうか。

先に書いたように、人はみな違っているから素晴らしい、と私は考えています。世の中は、一人ひとり、違う個性を持った人たちで構成されているのです。「平均的」とか「一般的」という表現は、統計として便利なものではありますが、「平均的な人間」は、存在しないと思うのです。

それは、頭の中で複合してつくりあげた人物像、まさにバーチャルな想像の世界にしか存在しない人間像で、けっして理想でもなければ、私たちがめざす人間像でもないのです。たとえば、世界中の平均値の身長と体重、平均的な場所に住んで、一般的な性別で、一般的な考え方を持っている人……まったく想像できないでしょう?

したがって、「平均的な受験生は四回で試験に合格するのに、自分は普通じゃない」とか、「一般的な姿からかけ離れている、ズレている」といって、そんなことを気にする必要はまったくない。何の意味もないことです。

差別やいじめの問題も、「普通ではない」という考え方から始まるとしたら、「平均的」や「一般的」という言葉は、なんと悲しい言葉でしょうか。

誰かと比べて判断するのではなく、目の前にいる自分や他人の、あるがままの姿を受け入れる。「この人は、普通の人と違うな」という印象を持つのではなく、目の前の人をそのまま受け入れる。今の自分をそのまま受け入れる。世間のものさしの奴隷になる必要はありません。あるがままを受け入れることから始まるのです。

Message

「普通と違う」と思い悩む必要は一切ない。世間のものさしの奴隷になるな。

「豊かさ」の本質を教えてくれた夜行列車

私は「伊藤塾」の講師として、塾長として、大阪校や京都校での授業、また各種の講演会のために全国各地を飛び回っています。

あるとき、大阪での仕事が夜遅くなったので、翌朝新幹線で帰るか、夜行列車で帰るかの選択に迫られました。そこでの判断基準は「できるだけ早く東京に戻って、仕事を再開できるのはどちらか」ということでした。

夜行列車のほうが少しだけ早く着く、ということだったので、夜行に乗ることに決めました。〇時三五分大阪発の寝台特急。翌朝、七時過ぎに東京に着きます。

いつもは「のぞみ」で二時間半のところを、この夜行列車では、なんと六時間半もかかります。ただ、列車内には個室のテーブルもあり、快適でした。仕事もはかどるし、いつもより眠れそうだ、夜行にして成功だなと思いました。

乗ってみると、大阪、京都のいくつかの駅を、一つひとつ通過していきます。いつもは新幹線ですから、夜行列車が通過していく風景は、見たこともない駅ばかりです。室内の電気を消すと、外の景色が目に飛びこんできました。ちらちら見える家庭の明かりや、駅で終電を待つサラリーマンの姿、二人連れの男女、点検を急いでいる駅員さん……などなど、多くの人の生活が、そこにまだはっきりと見えるのです。

そこで急に、ドイツの景色を思い出しました。

私は中学生のころ、両親の仕事の関係で、ドイツで生活をしていました。そのころは、よく旅行をしていました。ゆっくり走る列車の窓から外を見ながら、踏み切りで待っている農夫の生活を思ったり、麦畑で働いている子どもの姿からその子の将来を想像したり、いろいろと思いめぐらすのが好きでした。「一人ひとり、それぞれの生き方や人生があるんだなあ」と思ったりしたものです。

このときの感情が、私の個人の尊厳の原点と言っても過言ではありません。「人は、みなそれぞれ違う」ということを教えてくれたのは、幼いときの旅行でした。

気づけばいつしか、私は旅行をしなくなりました。新幹線や飛行機で、ただ移動することが目的になっていました。たまたま夜行列車に乗ったことで、中学生のときの原体験を思い出し、久しぶりに旅に出ようと思い立ちました。

そこでこの前の夏思い切って、スイス、ドイツ、ポーランドへ旅行に出かけました。スイスでは、ドイツ人の友達と二人で、ひたすら列車に乗りました。予定がくるったり、思いもかけないことが起こったり、現地の人とふれ合ったり……その過程のすべてが楽しい時間でした。

鈍行列車の二等席に乗ってまわりを見回してみると、そこには、スイス人、ドイツ人、イタリア人、フランス人……いろんな人が、ゆったりと列車に乗って、楽しんでいました。

特急列車の一等席を見てみると、そこにはビジネスマンばかりがいました。旅行ではなく、移動をしていました。彼らは、寸暇を惜しんでパソコンを打ち、携帯電話で話をしています。まるで、いつかの自分を見ているようでした。

豊かな生活、豊かな人生とは、いったいどのようなものなのでしょうか。

以前の私は、この特急列車に乗ったビジネスマンのようなものが、いい人生かと思っていました。

でも、鈍行列車で窓の外を楽しみながら、ゆっくりと進むのも、とても有意義な時間のすごし方だと実感したのです。つまり、ただ移動するのではなく、旅行として楽しめたとき、人生は豊かに感じられるのではないか。結果ではなく、過程が重要なのではないか。ふと、そう思ったのです。

「生きる」ということは、過程を意識すること。夜行列車や鈍行列車には、特急では得られない、かけがえのないものがあるように思いました。それは、「今を生きる」ということにつながるように思うのです。

なぜか時間がゆっくり流れるヨーロッパの田舎町で、こんなことを考えさせられました。

Message

「生きる」とは、過程を大事にすること。結果がすべてではない。

面白さは「予想外」のところにある

よく、受験生から「試験は、先が見えないから不安だ」という相談を受けます。

そういった相談を受けるたびに思うのは、「先を見通せることが、本当に安心で、幸せなことなのだろうか？」ということです。

たとえば、旅行をするときに、すべてが予定どおりにうまく進むほうがいいですか。何かハプニングがあるほうが楽しいと感じますか。

昔、カナダのバンクーバーに行ったとき、オーバーブッキングで予約していた飛行機に乗れなくなり、サンフランシスコからハワイを経由して、大変な思いをして帰ってきたことがあります。そのとき、空港で荷物が見つからなくなったり、予約したはずのホテルの予約がされていなかったり、予想外のアクシデントに見舞われました。

そのときに、それを不幸だと考えるか、面白がるか。

私はいつでも、できるだけ何でも面白がれるよう、心がけています。

予定どおりにうまくいったとしても、それは自分の枠の中での楽しさにすぎません。自分の枠という限界があるのです。ところが、予想外のことが起こったときには、自分の予想をはるかに超えた現実の中で、興味深い経験ができます。

人との出会いもそうです。思いもかけない人との出会いは、人生を豊かにします。きっとそれは偶然のように見せかけた必然なのです。

「すべての出来事は、必然である」。これは、私の生き方の一つの原則です。

予定どおりの人生でなくてもかまわない。予定なんて、それを立てたときの自分の価値観や自分の想像力という限界に枠づけられたものにすぎないのです。そうした殻が破られたところに、人生の奥深い楽しみが潜んでいるように思います。

予想外のことがあるほうが、旅行も、人生も面白い。人間の「想像力」や「思い」は無限であるはずなのに、無意識のうちに「想定内」といった範囲を決めてしまうと、それ以上先に進めません。自分の生きてきた道が大失敗か大成功か、それは死ぬときまでわからない。そんなものではないでしょうか。

試験の結果なんか、意外性そのものです。合格にいたるまでにもいろいろなことが起こります。でも、それはみな「自分の人生を豊かなものにしてくれる糧《かて》」なんだと受け入れることができれば、どんなに気持ちが楽になることでしょう。

意外にも受かった、意外にも落ちた。いいじゃないですか。こんな言い方をするのは不謹慎かもしれません。でも、思いもかけないことが起こる。いや、起こすのが人間だし、だからこそ、進歩も可能性もあるのだと思います。

Message

予想外の出来事が、自分の予想をはるかに超えた興味深い経験をもたらす。

どんな「結果」にも、必ず「原因」がある

ニュースや新聞に目を向けると、思いもかけないようなたくさんの事件が日々、起こっています。

もしもあるとき、あなたがある人の頭を軽くたたいたら、思いがけず、その人が死亡してしまったとします。傷害致死罪が成立するでしょうか。

「軽くたたいただけなのに、死んでしまった」。これは自分にとって驚きの結果かもしれませんが、実は、被害者は特異体質でした。その事情を知らなかった自分にとっては、意外な結果になったというだけのこと。被害者が特異体質であることを知っている知人や家族にとっては、意外でも何でもない。当然の結果だったということです。

こういったさまざまな事件や判例を見るたびに、「どのような出来事にも、どんなに思いがけない結果にも、必ず原因がある」と思うようになりました。現実を見よう

としないから、意外なだけなのです。

自分の身に、思いもよらない、信じられない現実をつきつけられたこともあるでしょう。不意打ちのような出来事に、怒りや悲しみがわいたこともあると思います。

しかしそれは、自分にとって意外なだけで、客観的に見れば、実は必然だったのです。その因果関係の事実に気づいていないだけなのです。

ではなぜ、因果関係に気づかなかったのか。私は、そのこと自体にもやはり何か意味があるに違いないと思うのです。現実を冷静に直視する訓練が必要だというサインかもしれません。

試験の直前などで、自分の立っている位置が見えなくなってしまうことがあります。緊張のあまり、舞い上がってしまって目の前の出来事だけしか見えなくなってしまうスランプです。

そんなときは、客観的に自分を見る訓練をするのです。

私はよく、年表や地図帳、地球儀を使います。意識的に世界の広がりを感じるようにするのです。

宇宙が生まれ、地球が生まれ、生物が生まれ、人類が生まれ、文明が生まれ、日本が生まれ、現代という時代が生まれ、そして自分が生まれ、その自分がいる。こうした壮大な時間の流れを意識すると、長いと思っていた自分の受験勉強期間や、自分の不安感など、ちっぽけなものだなと思えるのです。今、この瞬間、自分の認識の外に、もっと大きな世界が広がっているのです。

Message

年表、地図帳、地球儀を眺め、自分を客観視する訓練をしよう。

「感情的になる」のは悪いことではない

最近、感動したことは何ですか。深い悲しみの涙を流したのはいつだったか、覚えていますか。うれしくて思わず体が飛び跳ねてしまったのは、どんなことですか。

「感情的になってはいけない」と言われます。仕事上で、感情的になるのは御法度とされています。私の関わっている法律の世界ではとくにそうで、法律家はトラブルに理性的に対処しなければならない仕事なので、まさに自己抑制的な職業とも言えます。

感情を必要に応じて抑えられ、理性的であることは、ある意味では重要なことです。

不言実行とか、男の涙は見せないとか、感情をストレートに出さないことを美徳としてきた風潮があります。戦争で夫や子どもを亡くした女性も、涙を見せないと気丈であると評価されました。感情を表に出さないことは、肯定的に扱われてきました。

しかし最近になって思うのは、感情は、人間同士の相互理解の上で、きわめて重要なものではないか、ということです。

喜怒哀楽を素直に表現できる感受性の強い人は、人気があるし、信頼されるような気がします。他人の痛みや悔しさ、喜びを自分のことのように感じられる「共感力」を高めようとすることは、よりよい自分になる一歩のような気がするのです。

では、感受性を磨くためには、どうすればいいか。

それは、自分に喜怒哀楽の感情を抱かせてくれる人に、多く出会うことです。

大好きな人、大嫌いな人。家族、兄弟、祖父や祖母。大切な友人、知人。こうしたさまざまな人と時間を共有することで、感情が鍛えられます。自分が生かされていることを自覚することができます。些細なことから愛を感じることができます。

生きるとは、感情の積み重ねです。喜怒哀楽のない人生は、面白くもなんともない。感情を発露させることで、本当の自分や夢が見えてくるのではないでしょうか。

Message

喜怒哀楽を素直に表現しよう。

人から非難されたら喜ぼう

勉強や仕事をしていて、何もかも投げ出したくなるときはありませんか。

実は、私にはあります。

必死になって、真の法律家を育成しようと努力しているのに、受験テクニックしか教えていないと批判されたり。よかれと思って、大学の先生方の不得手な部分を補っているつもりで授業をしても、学生が大学の授業に出ない元凶のように言われたり。中傷の声に、打ちのめされたような気分になり、「ああ、いっそのこと、辞めてしまえたらどんなに楽だろう」と思うときがあります。

そんなときに、「伊藤塾」の目の前にある桜が、私を救ってくれることがあります。

桜は、四月にならなければ芽吹きません。それ以外の季節に見上げても、ビルの谷間でひっそりと寒空に枝を伸ばしているだけです。誰も見向きもしません。しかし、その桜が四月になると見事な花をつけます。行き交う人々の心をなごませます。しかしその後、わずか数週間で散っていきます。そして再び、誰からもかえりみられずに、一年をじっと待つのです。

なんと忍耐強いことでしょう。桜は何を思って花をつけるのだろうと、思いを馳《は》せます。桜に忍耐力を教わっているのです。

私にとっては大事な桜ですが、人によっては、何とも思わない、うっとうしいと思うこともあるでしょう。私が、はかない桜のことをどれだけ慕おうが、桜には伝わりません。

桜はただ咲く。それを見る人が、好きだとか、嫌いだとか、偉いとか、判断するわけです。

それは、人間にもあてはまるのではないでしょうか。

自分は、ただやるべきことをする。それを、周囲が勝手に、当人のものさしで判断しているだけなのです。物事をどのように評価するかは、まわりの人それぞれの見方、生き方、世界観の投影にすぎません。極端なことを言えば、誰からもよく思われるということは、自分の個性がなくなるということになりかねません。

とかく人と違ったことや新しいことをすると、非難されるものです。勇気がいるし、リスクもある。ですが、非難されることを歓迎するくらいの気力がなければ、自分の人生は切り開いていけないのではないでしょうか。

嫌ってくれる人がいることは、いいことなのです。何もかも投げ出したい気分のときには、そんなことも忘れていました。

同じように見える桜も、一本一本違った咲き方をします。花が咲く季節には忘れてしまいますが、その春の美しい花をつけるまでには、さまざまな苦難、風雪に耐えた長い歳月が必要だったはずです。

すべてのものは、そこに存在するだけで価値がある。もちろん、すべての人もそこにいるだけで価値がある。それを、桜が教えてくれました。

Message

嫌ってくれる人がいるのは、いいことだ。

第2章 なぜ勉強することが大切なのか

今、勉強しないでいつやるのか

受験生から、「自分がこのままでいいのか不安だ」という相談をよく受けます。

その理由として、次のような言葉が続きます。友人はみな就職して社会に貢献しているのに、自分だけ親のすねをかじって、いつまでも試験勉強なんてやっていていいのか。友人は大学生活を楽しんでいるのに、自分は勉強一筋でいいのか。

前者は「社会貢献ができていないのではないか」、後者は「視野が狭くなるのではないか」という心配のようです。

久しぶりに、大学の同期の友人に会うと、彼らはバリバリ働いて頑張っているようだ。ところが、自分は社会にとって何の役にも立っていないような気がして、肩身が狭い、と言うのです。なるほど、そう思う気持ちもわかります。

しかし、どの時期に社会に出て、どのような貢献をするのかは、みな違っていて当たり前。貢献すべき内容によっては、十分な準備期間が必要なのは当然なのです。いつ、いかなる形で社会貢献するかは人それぞれです。

たとえば、多くの人は中学を出たら高校へ進みます。しかし、高校に進学せず、社会に出て働いている人も数多くいます。そのときに自分はまだ親のすねをかじって生活している、これではいけないと考えたでしょうか。大学へ入るときはどうでしょうか。たぶんそんなことは考えてもみなかったことでしょうし、そんな指摘をする人もいなかったでしょう。それは単に、就職する友人が自分のまわりでは少数派だったからです。

高校や大学のときと今との違いは、何でしょうか。

それは「多数派」がどちらか、ということにすぎません。要するに、「多くの人がそうしているときに、それと違う行動をとると不安になる」という、ただそれだけのことなのです。

人にはそれぞれ時期があります。それに、将来なすべきことの社会への影響力が大きければ大きいほど、その準備に時間がかかるのは当然です。何も気にする必要はありません。

では、勉強まっしぐらになってしまうことの弊害という点は、どうでしょうか。

これは一見もっともらしい考え方です。勉強以外のこと、遊びでも趣味でも、何でも経験して視野を広げておくことはとてもいいことです。だから、ある一つのことばかりやると視野が狭まるのではないか、いろいろなことをやったほうがいいのではないかと思うのは、自然なことかもしれません。

しかし、視野を広げることと同じくらい、一つのことをとことん追求することは、とても大事なことなのです。

あることを、脇目もふらず一生懸命にやらずして、一流になった人を私は知りません。どの分野でも、やるときには徹底的にやって壁をつき抜けた人だけが、本物になれるのです。専門分野を持ち、自分なりのものさしを持った人が、本当の意味のゼネラリストになれます。

ですから、自分で「今が、必死にやる時期だ」と思ったなら、そこで最大限、頑張るべきです。

自分の人生設計において、どの時期に視野を広げ、どの時期にとことんやって極めるかは、自分で決めることです。

一生に一度くらい、思い切り勉強するときがあってもいいのではないでしょうか。

「今、勉強しないでいつやるんだ」という気概が必要なときもあるのです。

Message

一つのことをとことんやった人は、ほかでも強い。

いつも心に「夢」を持ちながら進め

「そんな試験、受からないよ」「もう少し簡単なところをめざしたほうがいいんじゃない」。まわりの人は、親切心から、そういったことを言ってくることもあるかと思います。

勉強を始めたり、新しいことに取り組もうとしたりするとき、さまざまな困難が目の前に立ちふさがります。

何かを成し遂げようとするときに、こうしたまわりの目を気にしすぎていては、何もできません。自分がやるべきだと信じたことを、信念を持って誠実に実行していればそれでいい。まわりがどう思うかなどまったく関係ない。まわりの目を気にしなければ楽になれると気づくまでには、私もずいぶん時間がかかりました。

自分で価値基準を持てればいい、自分が納得できればそれでいいのです。他人に何と言われようと、自分が納得できれば、それでいいのです。

自分が納得できるためには、めざす「夢」が見えていればいいのだと思います。まるで夜空に輝く北極星のように、です。

私はよく「合格後を考える」と言っています。「合格」は、目先の目標、単なる一つの関門であって、「合格後」が大切だということ。そして、その先の「夢」がぶれなければ、そこまでの手段は何でもいい。何回落ちたって、方向転換したっていいということです。自分の信じる到達点があれば、いいのです。

勉強がうまくいかないとき、いやな気持ちになることがあるでしょう。たとえば、模擬試験の成績が一向に伸びないというとき。不合格になってしまったとき。

そんなとき、誰に弁解したいですか。誰にわかってもらいたいですか。誰に誤解されたくないですか。家族でしょうか、友達でしょうか、恋人でしょうか。

「○○さえすれば、もっとうまくいくはずだ」と、言い訳ばかりする人がいます。でも、人に言い訳する必要自体、ないのです。自分が納得すればいいのですから。

目先の目標、合格だけを目標に生きていると、合格できないから焦る、不安になる。

いつかは必ず自分にも合格はやってくるし、自分は幸せになれると思いこもうとする。しかし、合格はやってくるものではありません。待っていても幸せにはなれません。将来ばかりを気にしていて、今を生きていなければ何も起こらないのです。
自分の夢を思い描きながら、今、脇目もふらずに勉強することで、前進することができるのではないでしょうか。

Message

他人に言い訳する必要はない。

「合格」はいい、「不合格」が悪いとは限らない

勉強には試験はつきもの。そして、試験に合否はつきものです。

私はこの二五年間、毎年三回、司法試験の合格発表会場で多くの受験生の人生の岐路に立ち会ってきました。

そこでは、「合格はいいもの、不合格は悪いもの」「合格は幸せの証《あかし》、不合格は不幸のどん底」という雰囲気が、つねに満ちています。

この考え方は、さらに続きます。給料の高い有名事務所に就職することはいいこと、忙しい割に給料が安いところは損。大都市の裁判所が出世コース、地方の支部回りは地味。特捜は検察のエリート、毎日無銭飲食と覚醒剤の事件ばかりではうんざり。

いいか、悪いか。私たちはいつも、その評価に振り回されています。

たとえば「正義」と「邪悪」の区別を、決まりきったこととしてとらえがちです。

しかし、本当に物事は時代劇やハリウッド映画のように白黒をはっきりつけられるものなのでしょうか。現実の数多くの事件では、善悪の判断がそう簡単につけられるものではないからこそ、法律家は判断する際に苦しむのです。

自分自身の身にある出来事が起こったときに、それに評価を下す自分がはたして正しく評価できるほどの人間なのかをまず疑ってかかるべきでしょう。失敗した自分に対して評価を下す自分がそんなに偉いのか、過去の自分を否定するほどに今の自分が偉いのかということです。

もちろん、十分考えて、決断を下すことは必要です。

しかし、その決断した結果の意味や価値がどれほどのものかは、その時点において絶対的に判断できるものではありません。合格という事実や、不合格になって方向転換したという事実に新たな意味や価値を与えるのは、その後の自分自身なのです。

司法試験に不合格になり、方向転換して、ビジネスの世界で大成功している人は何人もいます。試験に失敗した経験から共感能力にすぐれた法律家となって、依頼人に愛されている人も大勢います。

ある事実に、自分でどのような意味づけを与えるかによって、人生におけるその事実の位置づけは大きく変わります。

つまり、自分の意識次第で過去の事実をよくも悪くもできるのです。人に対して二項対立の選択肢の決断を早急に迫ることは得策でないのと同じように、自分自身で判断することについても焦りは禁物です。

起こった出来事を人のせいにしたりおごったりすることなく、謙虚に受けとめ、そこから出発できる人は必ず成長します。

Message

どんな出来事も、自分の意識次第でよくも悪くもなる。

「こんなはずじゃなかった」と思ったときの対処法

やりはじめてみて初めて、「こんなはずじゃなかった」と思うことは、ありませんか。勉強してみたけれど、もっと楽にできると思っていた。もっと仕事と両立できると思っていた。もっと早く受かると思っていた。試験はもっと簡単だと思っていた。もっといい友達だと思っていた。もっといい職場だと思っていた……。

あなたなら、こんなときどうしますか。

自分の予想と違ったときにどんな行動をとるかも、人それぞれです。人のせいにする人。自分を責める人。自分の能力のなさを嘆く人。何も感じない人。さらに努力する人。予想が外れたこと自体を認めない人……。

何も考えずに生きて、人のせいにしたほうが、楽です。誰でも、できればショックは受けたくないでしょう。

ですから、勉強するときにも、「こんなはずじゃなかった」とショックを受けないように、初めから目標を高く設定しない人がいるのです。いちばん難しいと思う試験にあえて挑戦せず、「このくらいなら受かるだろう」という、妥協した資格をめざす人もいます。

たしかに、適度ないい加減さは必要です。遊び部分がなければ息がつまってしまい、精神的にまいってしまいます。あまりにも理想の自分を高く設定してしまい、それとのギャップに苦しめられるくらいなら、初めからちょっと下をめざすという考え方も、ときにはあるかもしれません。

しかし、私は身の丈くらいの努力はやはりしていこうと思っています。そして、それが達成できたら、また目標を少し高くするのです。初めから大風呂敷を広げるのではなく、目標を達成したらまた引き上げるということです。こうして立てた身の丈の少し上ほどの目標なら、その当てが外れても苦しまずに受け入れて、反省ができます。

もう終わりと思ってから、あと五分粘る。

もうダメだと思ってから、さらにもう一ページ、あと一問解いてみる。

自分にとってちょっと難しいかもしれないという試練も、やってみる。ちょっとずつ、目標値を上げて、一歩一歩進んでいく。

これを繰り返していけば、いつかはかなり大きなことができるのではないかと思っています。だから、いきなり大きな目標を掲げて、「やっぱりダメだった」とつぶれてしまうよりは堅実です。

今でも私は少しずつ、この限界点を伸ばしていくようにしています。

Message

目標は少しずつ高くして、限界点を伸ばしていこう。

勉強する前に、まず「合格体験記」を読め！

自分の勉強のモチベーションを上げるためにも、勉強法を学ぶという意味でも、「合格体験記」や「成功談」といったものを読むことは大切だと思っています。

あなたは、合格体験記を読んでどんな気持ちになりますか。

「すごいなあ。うらやましいなあ。自分もこんなふうに合格したいなあ」

「彼もやっぱりこんなに頑張っていたんだ」

「学歴が違うよ。年齢も違いすぎて、参考にならない」

「他人の成功なんて面白くない。だから絶対に体験記なんて読まない」

感想は人それぞれですが、初めから「自分とは違うんだ、だから関係ない」とあきらめたような、そんな読み方をしてはいないでしょうか。

合格体験記の読み方にも、個性は出るものです。受験生を見ていると、前向きに自分の勉強の参考にしようと、必死になってマーカーを引いて読んでいる人が、受かる人に多いように感じています。

他人の合格体験記は、たしかに自分の失敗や努力の不十分さを思い起こさせます。「この人よりできていない」と不安になったり、「この部分では自分のほうが上回っているから大丈夫だ」と安心したり、一喜一憂してしまいます。そんな心の動揺がいやで読まない、という気持ちもわかります。

でも、体験記を読んだとしても、いくら避けたとしても、自分の現在の姿は動かしようもないことです。そして、合格体験記の執筆者が合格したということも事実です。

まずは「これを書いた人は、自分にないものを持っていたから、合格したんだ」と事実を受けとめ、謙虚に学ぶ気持ちを持つことです。さらに、他人の成功を素直に喜ぶ気持ちも大切な気がします。

Message

他人の成功から、謙虚に学ぶ気持ちを持とう。

「要するに何か」という意識を持つ

勉強していく上で不可欠な力といえばいろいろありますが、「読解力」は外せないものではないでしょうか。どんな試験問題も参考書も日本語で書かれていますし、どんな仕事も言葉で交渉して、相手の言葉の意味を読み取るわけですから。

どうすれば読解力を身につけることができるだろうかと、ずいぶん考えてきました。

まず一つは、多くの文章を読んで、活字に慣れることだと思います。

最近は、本を読むよりも、テレビやゲーム、マンガを見るほうが多いという人が、少なくありません。

本を読むということは、想像力を鍛えること。直線的な情報を頭の中に蓄えながら、立体的な映像に変換する作業です。

ところが、テレビやマンガなどの映像情報の場合、立体的な映像がそのまま頭の中に焼きつけられるので、自分で変換作業をする必要がありません。その分だけ苦労や努力をしないで必要な情報を得ることができるわけです。

テレビやマンガなどの映像情報は、頭の中にある情報を伝達する手段としてはきわめて有効です。より正確に情報が伝わると言ってもいいかもしれません。

しかし、この「文字を立体に変換する作業」をしないままでいると、その能力は後退してしまいます。そうならないためには、意識して、できるだけ多くの活字になじんでください。難しい本を読めと言っているのではありません。小説、雑誌、週刊誌、新聞、何でもかまいません。ただ、そのときには、なんとなくダラダラ読むのではなく、できるだけ速く読むことを心がけてください。

そしてもう一つ大切なこと。「要するに、何が言いたいのか」ということをつねに考えながら読むことを意識することです。「要するに」と、できるだけ短い文で言い表せるように、注意しながら読むのです。

「要するに」という意識を持つことは、勉強する際にひじょうに重要です。

町を歩いているときでも、電車に乗っているときでもこの訓練はできます。

たとえば、電車の吊り広告にある週刊誌の広告が載っていたとします。それを見て、「要するに」この週刊誌では何を読者に訴えたいのかということを読み取るわけです。町を歩いていて看板を見つけたときも、この看板を立てた人は「要するに」何を伝えたいのかということを考えてみるのです。缶ジュースを飲むときも、缶に書いてある注意書きを読んで、「要するに」この注意書きは何を言いたいのかと考えてみる……。

いつもそうやって周囲を見ているせいか、一種の職業病かもしれませんが、私は、何かを見たときに活字を探してしまう癖がついてしまいました。

Message

読解力を身につけよう。

迷いをなくす三つの質問

試験に合格したいなら、何かを成し遂げたいならば、「現実には難しいのでは」ということを、少しでも心の片隅で考えてはいけません。まわりからあきれられるくらいに、自分自身で「できる」と信じることが必要です。

しかし、これはそう簡単なことではありません。

司法試験の合格者の話を何度も聞きますが、そのとき、多くの合格者が「とにかく、迷わないことが大切だ」と言っていました。

勉強方法一つとっても、自分が選んだものなのだから迷わないということです。めざす試験が近づいてくると、「この勉強方法でいいのだろうか」とか、「このままで受かるのだろうか」という迷いが生じがちです。そんなときに周囲から「大丈夫だよ」と言われても、むなしく聞こえるだけという経験はありませんか。

人間には、自分の納得できないことは無意識のうちに排除するという習性があるそうです。だから、いくらいいアドバイスが与えられたとしても、心から納得でき、自分のものにならないと、それに従うことはできません。迷うのです。

「大丈夫、きっと合格できるよ」と言われても心からそう思えないのは、今のままの自分が合格することを心から喜べないからです。自分の思うとおりに計画もこなせていない、怠けてしまっている、そんな自分が受かってはいけないと無意識のフィルターが拒絶しているのです。

みんな同じ授業を聞いているのに、なぜ、成績の差や結果の違いが出るのでしょうか。それは、授業を聞く意味、勉強の意味づけが、一人ひとり違っているからだと思います。

もう一度、自分の原理原則を確認してください。

何のために、勉強を始めましたか。

絶対にできる、と自分を信じていますか。

心から納得できる夢を、思い描けますか。

これらの質問にイエスと答えられたら、勉強方法にも、あなたの人生の方向性にも、きっと迷いはなくなるはずです。

Message

なぜ勉強を始めたのか、もう一度考えよう。

ヒクソン・グレイシーの「必勝法」に学ぶ

ヒクソン・グレイシーという人を知っていますか。名前くらいは聞いたことがあるという人も多いと思いますが、ちょっと説明しましょう。

柔道家の前田光世は、二〇世紀初め世界各地で他流試合を繰り返していましたが、最終的にはブラジルに住み着きました。その前田のもとで柔術を学んだのが、グレイシー一族のエリオ・グレイシーでした。

エリオ・グレイシーは、自身が体系立てた「グレイシー柔術」を完成させ、七人の息子たちに伝えました。ヒクソン・グレイシーはその三男としてブラジルに生まれ、その後柔術家として活躍、四〇〇戦以上も無敗という伝説をつくった選手です。

ある雑誌のインタビューで、彼は次のように話していました。

何か必勝法はあるのでしょうかという質問に、「いいえ、日々淡々と自分を鍛えるることが増えるだけです」と。

さらに、「二歳の子どもがテーブルの上にいったん上がってしまえば、次に上がるときにはなんてことないように、一度上がったら次のゴールを設定する。すぐ行ける場合もあるし、時間がかかる場合もある。ただ、つねにゴールを設定してクリアしていくことを心がけてきた。それが私の今までの人生の進化のさせ方である」と。

なるほど、と思いました。

彼ほどの選手でも、毎日目標を設定し、それに向かって懸命に生きる。ただ、それだけなのです。

彼のしなやかな強さの秘密は、正直さにもあるようです。「自分に正直であれば、自分の弱いところを認めることができる。そうすれば、いかに弱い部分を補っていけるかにベストを尽くすことができる」と言います。

強く勝ちつづければつづけるほど、負けることや失敗が許されなくなり、恐怖心が生まれたり挑戦することに臆病《おくびょう》になったりするものです。しかし彼は、「試合に負けること」を失敗とは定義しません。

「単に、ゴールまで時間がかかることにすぎない」と、「また、別の方法を考えて、ゴールをどのようにクリアすればいいかを追求すればいいだけだ」と言うのです。どこまでも冷静で謙虚で前向きです。苦しいときほど謙虚に、そして信念を持って立ち向かうのです。

スポーツの世界では絶対ということはありません。いや、これは世の中のすべてのことにも言えるかもしれません。

しかし、「絶対に勝つ」と信じて、自らにそう言い聞かせて試合にのぞまなければ、絶対に勝てないのです。

初めから「ダメかもしれない」と思っていたのでは、すでに勝負の前から、気持ちで負けています。「自分にはできないかもしれない」とか「難しすぎるよ」と感じることはあるかもしれません。しかし、何度も言いますが、そう思ったままではけっして乗り越えられません。

人間はもともと弱いものです。「絶対などありえない」とわかっていても、「絶対に勝つ」と信じて闘わなければならないときがあるのです。とくに未知のものに挑戦するときには、強固な意志が必要になってきます。

絶対ということがない世界で、絶対に勝つことをめざして、自分自身をストイックに鍛え上げる。

私は、その姿に心打たれます。

Message

「絶対勝つ」と思わなければ、絶対に勝てない。

なぜイチローは「自分は天才ではない」と言うのか

少し前に、イチロー選手が小学六年生のときの卒業文集に書いた、次のような意味の作文が話題になりました。とても印象的だったので、よく覚えています。

「三年生のときから今までは、三六五日中、三六〇日は、はげしい練習をやっています。だから一週間中、友達と遊べる時間は、五時間～六時間です。……ドラフト入団で契約金は一億円以上が目標です」

イチロー少年が、プロ野球選手になるための目標を、具体的な数字をいくつも用いて、明確に語っていました。いかにも、自分が野球選手になったときの明確なイメージができあがっていることをうかがわせるような内容でした。

スポーツの目標と同じように、勉強に対しても、「毎日、問題を○○問解く」とか、「論証をいくつ見直す」といった数字目標を、具体的に掲げるべきです。

そして、「具体的な目標のイメージ」を強く持つことが、夢の達成にとって必要不可欠です。スポーツの世界では、イメージ・トレーニングは、もはや常識で、それを勉強に生かさない手はありません。

イチロー選手に対して、「やっぱり、さすが一流の選手だな」と思ったのは、彼が、自分が天才だと言われることに対して、次のような意味のインタビュー記事を読んだときです。

「自分は天才なんかじゃない。人は何をして自分を天才だと言うのだろうか。何もやっていないと思っているのかなあ。人と違うことをやるという意味なら天才かもしれないけれど、それに向けて準備しているもの」

つまり、やるべきことを誰よりもやっているからこそ結果を出せる。それだけであり、それを天才とは言われたくないということです。

メジャーリーグのボールは、日本のものよりすべりやすいそうです。彼は、アメリカのメジャーリーグで使われているボールを、アメリカに行くずっと前から、すでに個人的な練習では使っていたそうです。そのことについて彼は、次のように答えています。

「そんなの四年前から使っているよ。アメリカに行くことを考えてから」

また、なるほどと思いました。目標を決めて、それに必要なことを分析し、準備する。夢を現実に変えられる人は、それが他人よりも数段、緻密《ちみつ》で徹底しているのです。

これは「ニューズウィーク」誌に載っていたことですが、スポーツ界のスーパースターが共通して指摘することは、「練習の重要性」です。

ゴルフの世界には、タイガー・ウッズという怪物選手がいますが、彼を例にしたこんな記事を読みました。

「高いレベルの選手は、みんな素質がある。でも、タイガーは誰よりも練習する。だから勝てる」

さらに記者は、「しかし、ほとんどの選手は、ウッズのように練習の虫にはなれない」と指摘します。それは、「練習がつらいからできないのではなく、繰り返しやるという退屈さに耐えきれないからだ」ということでした。

普通の選手なら飽きてしまうような基本の練習を、飽きずに何百回でもできる。それが一流選手たるゆえんであり、夢をかなえる人の特徴なのではないかと思いました。

勉強でも、日々、繰り返しやらなければならない重要な基礎練習があります。地道な予習・復習、過去問などなど……。

それを毎回、新鮮な気持ちで、しっかりとこなすことは至難の業かもしれません。どんな勉強でも、ある程度やると少なからず飽きてきますから、いろいろと手を広げてしまい、結局、本当に必要な基礎がおろそかになってしまいがちです。しかし、それではけっして、夢を現実に変えることはできません。

自分を省みてください。素振りを何百回、何千回やったか。基礎問題をどれだけ繰り返したか。基本が血肉化され、自分の体にしみついたかどうか。

やるべきことをやったかどうか。それが、本番での自信となり、結果につながります。勉強で培ったこの力が、あなたの夢をかなえることにつながるのです。

Message

基礎練習を愚直にやりつづけることで、夢に近づく。

第3章

限られた時間をいかに有効に使うか

まず自分の行動を一〇分単位で紙に書き出す

勉強をしたり、仕事をしたりして、日々を忙しくすごしていると、あっという間に時間が過ぎていきます。

誰にとっても時間は平等に、一日二四時間です。その限られた時間を、いかに有効に使うか。それによって、夢を現実に変えられるかどうか、決まってきます。

仕事でも、勉強でも、真剣にやっていると「時間が足りない」という悩みが出てきます。時間があれば、もっと思ったようにできるのに。昼間、別のことに時間がとられたから、睡眠時間を削らなければならない、などなど。

しかし、ちょっと待ってください。睡眠時間を削る前に、それ以外に使える時間はないのか、本当に無駄な時間はないのかどうか、一度検証してみましょう。

たとえば睡眠が六時間として、たとえばあなたが学生なら、授業の時間とサークル活動の時間で六時間ぐらいとられるかもしれません。残りは一二時間ですが、朝の食事に一時間、昼の食事に一時間、夜は豪華なディナーで二時間、お風呂《ふろ》に一時間かかったとして、合計五時間ですから、残りの七時間は勉強時間として使えるというわけです。二時間もかけて豪華なディナーをとって、ゆっくりお風呂に入っても、七時間の勉強時間がとれるのです。

社会人だって、仕事場に行くのに往復一時間、仕事八時間、それで九時間です。同じように夕飯に二時間かけたとしても、四時間は自分の自由に使えます。

さらに、自分の一日の時間の使い方を、一〇分単位ぐらいでスライスして、もう一度検証してみましょう。

たとえば、昼食の時間にいつも一時間かけていたとします。その内訳を、事細かに紙に書いてみるのです。店への行き帰りで一〇分、メニューを決めるのに五分、食事自体は二〇分、店から戻るのに本屋で寄り道して一五分、戻って同僚と話して一〇分、……というように。そこで、無駄な時間はないか、どうしても優先したいことは何かを見直してみるのです。

自分の行動を振り返って、一〇分刻みで紙に書いていくことで、「何をしていたかほとんど思い出せない時間」とか、「ダラダラしていた時間」が見えてきます。電車を待っている時間、友達と話している時間、次に何をしようかとボーッと考えている時間……そうした「細切れの時間」をもっと有効に使うことができれば、自分の時間は一気に増えます。

時間は、考え方次第で、いくらでもつくり出すことができます。

ある社会人受験生は、夜一一時に仕事から帰って食事をし、それからお風呂に入って、〇時過ぎから二時までの二時間を集中して勉強し、朝は七時に起きて会社に出かけるという生活を丸二年間続けて、見事、司法試験に合格しました。まさに「やればできる」のです。

誰でも、自分の持つ「一日二四時間」という枠の中で、自分の好きなように、自由にアレンジすることができます。さらに、「時間の密度」も、自由に操作することができるのです。

時間がないからといって、とりあえず睡眠時間を削るというのは、誰にでもできる安易な方法です。時間を無駄に使っていることの言い訳になっていないかどうか、睡眠時間を削る前にできることがないか、もう一度考えてみるべきです。

人生とは、「時間の積み重ね」の結果です。「時間をどう使うか」で、人生が決まります。

この章では、夢を現実に変えるための有効な時間の使い方、時間についての考え方について書いていきたいと思います。

Message

「細切れ時間」を使ったり、「時間の密度」を濃くしたりすれば、時間は増える。

重要な二割に集中する

「パレートの法則」という言葉を知っていますか。

イタリアの経済学者、ヴィルフレド・パレートという人が提唱した説で、「八〇対二〇の法則」とも言われています。

たとえば、コンビニエンスストアで一〇〇品目の商品を売っていたとして、売上順で上位二割の商品、すなわち二〇品目の商品が、その店の売り上げの八割を稼ぎ出している。つまり、上位二割が、全体の八割の効果を上げているということです。

また、あなたが一週間にかかってきた友達からの電話の回数の統計をとったとします。そのとき、回数の多い、上位二割の友達からの電話の回数が、全体の八割を占めていると言えるという考え方です。

もちろん、つねにこのような結果が出るわけではありませんが、勉強にもこの法則はあてはまるように思います。

つまり、本当に大切な二割をしっかりとこなせば、学習効果は十分に上げられるのです。自分がやろうと思っていること全部、一から一〇まで、すべて完璧にこなす必要はありません。

限られた時間の中で、勉強でも仕事でも、物事を効果的に進めるためには、つねに「優先順位」を考えるべきなのです。

たとえば、司法試験合格という目標を掲げたのなら、ただやみくもに計画を立てても、その努力は結果に結びつきません。合格するために本当に必要なこと、求められていることは何かということをきちんと分析しなければ、夢の実現は遠いでしょう。

さらに、自分の足りないところや弱点を省みて、「目標値」と「現在値」の差を認識する必要があります。その差の大きな部分から優先的に、計画に組みこんでいきます。

正しい優先順位づけができれば、あとはその二割をしっかりとこなすだけです。それで、目標までの道のりの八割はこなせたと言っていいと思います。

どんな人でも、すべてを一〇〇パーセントこなすことは難しい。「すべてを完璧にマスターする必要はない」と考えれば、ずいぶんと気持ちが楽になるのではないでしょうか。

この優先順位をつける作業は大切ですから、ある程度の時間をかけて考えてみてください。何かを始める前には、ちゃんと時間をとって、慎重に判断し、計画する。そうすれば、その後の効率が断然違ってくることが実感できるでしょう。

勉強量や行動量がうまく配分できるようになれば、自分のエネルギーもバランスよくコントロールできるようになるはずです。

Message

すべてを完璧にマスターする必要はない。

「時間の密度」を濃くする方法

また司法試験を例に出します。

これは私の実感ですが、日本で最難関と言われる司法試験でも毎日三時間、二年から三年勉強すれば、誰でも合格できます。ただし、その三時間とは、密度の濃い、集中した三時間です。「絶対に合格したい」という気持ちや、「法律家になって、こんなふうに活躍したい」という具体的な夢を、強く意識した三時間でなければなりません。

合格に向けて本当に必要なことを見きわめて、それに全エネルギーを集中できる三時間をつくれるようになれば、ゴールは近いと言えます。

目標を強く意識した、集中した時間をつくることで、「時間の密度」を濃くすることができるようになるわけです。このような時間の使い方は、司法試験勉強以外の、どんな場面、どんな仕事においても、ひじょうに有効です。

さて、「一日三時間」という数字を出しましたが、「三時間」と聞いてあなたは、簡単だと思いましたか。それとも、大変だと思いましたか。

人間というのは、本気でやろうと思えばどんなこともできるもので、「三時間、机の前に座ったこともないよ」という人も、まずは三時間、机の前に座ることから始める。そうして少しずつ訓練していけば、三時間机の前に座るくらいは十分、可能になるものです。実際、アメリカンフットボールをやっていた体育会系のある受験生は、勉強を始めたころは、本当に三〇分も座っていられなかったのですが、どんどんと頭角を現していきました。

時間の密度を高めるためには、一つは前述したように、具体的な目標を強く思い描いて集中することです。

そして、もう一つ大切なことは、「自分はこの勉強を楽しんでいるんだ」という意識を持つことです。いやいややっていたのでは続きません。自分をだますくらいでもいいですから、「楽しい」と思いこんでください。

子どものころ、両親や先生から「やりなさい」と言われて強制的に勉強させられたり、無理やりピアノの前に座らされたという経験がある人も多いでしょう。いやな気分で取り組んだことは、やはり身につきにくいものです。逆に、寝る時間も惜しんで楽しんでやったことは、かけがえのないものとして強く印象に残っていると思います。そして、「今、この時間に私がやっていることは、人の役に立つ、貴重なものだ」と思えたなら、たとえたった三時間でも、それ以上の効果をもたらすはずです。

Message

具体的な夢を思い描き、楽しむことで、時間の密度は一気に高まる。

「時間の無駄」と「有効な無駄」の違い

自分の夢や将来を考えるとき、「好きなことをして生きていきたい」とか、「自分の能力や才能を発揮できたらいいな」と思いませんか。

「人はみな違うから、素晴らしい」と書きましたがまったくそのとおりで、勉強が得意な人、スポーツが得意な人、音楽が得意な人、とにかくさまざまな人がいて、それぞれ自分に与えられた能力を最大限に生かして、世の中に貢献しています。

私は仕事の合間に、ニュースを見たり、音楽を聴いたりして気分転換をするのですが、オリンピック選手が懸命に努力する姿や、その真剣な表情、またその驚異的な気力に感動し、「自分も頑張るぞ」という気分になります。ミュージシャンのつくった心温まる曲や心躍る元気な音楽を聴いて、幸せな気分になります。

自分の能力に応じた役割分担があり、それぞれが自分の才能を生かし、世の中に貢献しているのです。

自分の役割をまっとうしたい、と誰もが思います。私も、真の法律家を養成する、憲法の考えを広めたいという夢があります。

そうやって、自分の目標や好きなことに向かって進んでいくとき、「人生は限られた時間しかないのだから、ゴールまで最短で行きたい」とか、「無駄を省いて、合理的にやりたい」と思うでしょう。もっと極端になると、「自分の好きなこと以外は、時間がもったいないからやりたくない」という人もいます。

そんなとき、私は「有効な無駄」という言葉を使います。

「有効な無駄」とは、目先の目標には一見まったく関係のないようなこと。でも、人生の大きな夢をかなえるためには必要なこと、という意味です。

「この本を読むことは、どこで役に立つのだろう？」「今ここで聞いた話は、どこで生かせるのだろう？」

そこで、「これは自分には関係ない。時間の無駄だ」と決めつけてはもったいないのです。なぜならそれは、必ず何かしらの意味があることだからです。

「今ここで休んでいることは、自分の頭を休めるための意味がある」「こうして散歩をしていることも、必要なことだ」。そうやって、あらゆることを、自分の夢にとって意味あるものだと関係づけることが大切です。

実際のところ、本当に自分のしていることが無駄かどうかは、その時点では判断できないはずです。結果的に無駄にならないように、未来を変えてしまえばいい。あとで、何がどう役に立つかは誰にもわかりません。人生には、無駄なことなど何一つないからです。

無駄を省いて合理的につき進むためには、「有効な無駄」も無駄にしないこと。そうすれば、どんな時間もけっして無駄にはなりません。

Message

人生に、無駄なことは一つもない。

「基礎」を繰り返し反復することが、一番の近道

何かスポーツをしたことがありますか。テニス？　サッカー？　水泳？　卓球？　そのスポーツを始めたときのことを、ちょっと思い出してみてください。

最初からは、もちろんうまくできなかったはずです。基礎からちょっとずつ、始めたのではないでしょうか。

どんなことを始めるにも、最初が肝心です。

このことはスポーツ以外の、たとえば勉強でも、仕事でも、英会話でも、ピアノでも、まったく同じです。

最初の一年目に、どれだけ正しく基礎固めができるかによって、その後の方向性が決まってしまうことがあります。

ゴールと正反対の方向に全速力で走っても、どんなに頑張っても、ゴールにはけっ

してたどりつけません。夢への最初の一歩は、夢の方角に向けた一歩でなければいけないし、初めにたくさん踏みこんだほうが、大きく飛べます。

だからその意味では、一年目に正しい指導者について、正しい基礎固めをすることは不可欠です。

勉強で言うならば、一年目にしっかり基礎固めをしたらその後は、知識を増やすというよりも、一年目に得た知識を反復し、より確実なものにする努力を続けていけばいい。その基礎を自分で使いこなすことができるように、日々努力を続けていけばいいのです。

このときの努力とは、「反復」と「継続」です。とにかく「基礎」を反復、反復、反復……。それを繰り返し続ける。それ以外に近道はありません。

私は、目標達成のためにしなければならないことは、実は、ほんのわずかしかないと思っています。わずかな、重要な「基礎」を何度も何度も繰り返して、確実に自分のものにできれば、必要に応じてそれを使いこなし、応用することができるようになります。

メニューを増やし、とにかく知識を足していくという「遠心的な方法」ではなく、一年目にしっかり身につけた基礎をより確実にし、密度を濃くしていく「求心的な方法」をしたほうが、結果的には、夢に早く近づくのではないでしょうか。

Message

一年目の基礎固めが、その後を決める。

ルーティンワークこそ、工夫しよう

基礎が大事、反復することが大事と書きました。

ただ、勉強や仕事をしているとどうしても、「ああ、またこれか」と思うこともあると思います。ルーティンワークにうんざりしてしまう。「またこんな判例や条文を覚えるのか」と嘆く受験生の声も、よく聞きます。私も、以前はそう思っていました。

しかし、もし繰り返しにうんざりしたときには、その裏にある歴史や、根本原理を考えてみると、新鮮な気持ちで学ぶことができると感じるようになりました。

たとえば、判例や条文を「単なる記号」としてしか認識していないと、つらくなります。意味もわからずに、歴史の年号を覚えるようなものです。

しかし歴史も、その年の時代背景や、人々の生活ぶりが想像できるとイメージがわき、面白く感じるものです。司馬遼太郎の歴史小説を読んで明治時代に興味がわいて、歴史が好きになったという人も少なくありません。その裏にある背景を知れば、年号も、判例や条文も、単なる丸暗記の対象ではなくなります。

私は、全国各地へ公開授業や各種講演会に出かけます。そこで毎回、数十の相談を受けます。私にとっては多くの相談のうちの一つであっても、相談する当人にとってみれば、たった一つの悩みです。一つひとつを大切にしなければ、といつも思います。相手も違えば、学ぶことも変わります。どんなに小さくても、工夫を重ねることができるのです。それによって、自分も変わっていきます。

だから、ただの繰り返し、単なるルーティンワークは存在しません。

そう考えると、今自分がしているどんなことも、けっして無味乾燥なものではなくなります。どんな仕事も勉強も、実際は、派手さはなくて、同じようなことの繰り返しで、地味なものです。ですがその裏には、それを必要とする理由が必ずあるのです。

Message

事柄の裏にある歴史や根本原理、状況を考えてみる。

「マニュアル」は本当に近道なのか

相変わらず、世の中はマニュアルばやりです。デートのマニュアル、子育てマニュアル、仕事のテキストなどなど。「こうすれば儲《もう》かる、稼げる」というビジネス書も、巷《ちまた》に溢《あふ》れています。

私の関わっている法律の世界でも、マニュアルはあとを絶ちません。司法試験に合格したあとには、司法修習生として研修することになっているものなのですが、そこでも、教官に「マニュアルはありませんか」と聞き回って、ヒンシュクを買う人もいるようです。

たしかにマニュアルは、仕事や勉強を要領よく進めたり、ノウハウを学んだりするには有効です。実際、マニュアルに従えば何とかなることも多いでしょう。

私自身も、司法試験勉強の際は、マニュアルをつくりました。今だって、受験生にマニュアルの指導をしています。

しかしあくまでも、マニュアルはその場しのぎにすぎません。

自分でつくっていて痛感するのですが、マニュアルは「つくったあと」よりも、「それをつくる過程」に意味があることが多いのです。

本当のマニュアルは、自分で苦労してつくるものです。

私は授業で、自分でつくった法律の実務処理手順のマニュアルを使っていますが、これをどれだけのエネルギーをかけてつくったか、使っている受験生には思いもよらないことでしょう。

実は、たった数行でも多大なる時間をかけ、頭をかきむしった苦悩の末に生まれたものなのです。

もちろん、つくった側の苦労なんておかまいなしに、楽に、ただなんとなくマニュアルを使うことはできます。

しかし、そのかわりに、マニュアルをつくるという部分の、頭のトレーニングができないわけです。時間は大幅に節約できたわけですが、一見いいとこ取りのように見えて、逆にいちばんおいしいところを経験できないのかもしれません。実は、それをつくっている過程がいちばん面白い、最大の醍醐味《だいごみ》ということは、世の中にたくさんあるように思います。

他人がつくったマニュアルを使うなら、そこで短縮できた時間を使って、違うところで、自分を鍛えなければならなくなります。

楽して得た成果は、失いやすい。そして、苦労して得たものは、身についているものではないでしょうか。たとえば、他人から聞いたことは簡単に忘れてしまうものですが、自分で体験したことはなぜかいつまでも覚えているものです。

自分の頭で考えること。すべての出発点はここにあります。

まったくの超初心者なら別ですが、いつまでたっても「どうすればいいのか、教えてください」と他人に何から何まで聞いてばかりいては、成長できません。

また、もっと要領のいいマニュアルや勉強方法はないかと気にしてばかりいても、それは無意味です。王道よりも近道を見つけようとして、そこに時間をとられて、結局は遠回りになってしまった人を何人も見てきました。

王道をいかに確実に歩くかを考えるほうが、得策なのです。これが、二五年あまりの受験指導の経験で得た結論です。

私の好きな言葉で「ゆっくり急げ」というものがありますが、まさにこの境地です。

Message

自分の頭でしっかり考えること。

「アメ」と「ムチ」で、自分をコントロールする

ここまで読んで、「とにかく、とことん頑張ることの必要性はわかった。でも、やっぱり大変そうだ」と思われたかもしれません。

自分を律して、必死にやらなければならない時期は、誰にでも訪れます。つらいとか、大変だとか思いながらも、「明日までに、この仕事を仕上げなければいけない」と、自分にムチ打って徹夜することもあるでしょう。でもやはり、「余裕」や「遊び」の部分がないと疲れてしまうので、上手に緩急をつけることは必要です。

イソップ童話の「北風と太陽」の物語のように、強い力で無理やり何かを成し遂げようとしても難しい。人は「ムチ」だけでは前に進めないのです。

時間をできるだけ有効に使うためにも、「ムチ」だけでなく、成功報酬としての「アメ」を用意しておくことが効果的です。「アメ」を楽しみに頑張れるので、精神的に

もいいですし、集中力も高まります。

「もう三〇分たったら、休憩しよう」

「あと三時間勉強したら、あの音楽を聴こう」

「あと三日間頑張ったら、彼女に電話をしてみよう」

「三カ月勉強したら、ちょっと旅行に行ってみよう」

そういう具体的な成功報酬を、自分に与えてください。マイナスの方向に反発するエネルギーで前へ進むのではなく、プラスの方向から引き寄せられるエネルギーで前へ進むほうが、スピードも速いような気がします。

Message

自分にご褒美を与えて、プラスのエネルギーで進もう。

「仕事」も「遊び」も等価値である

最近、気心の知れた友人たちと、ある地方の温泉宿に行きました。湯につかり、ホタルを見ていると、世間の憂さを忘れ、リラックスした気分になれました。

そこは、友人が見つけてきてくれた宿で、ただついていっただけなので、詳しい場所もわかりません。さらに、携帯電話も圏外。市街地からほんの二時間ほどでしたが、世間と隔離された場所のように感じました。

友人ととりとめのない、いろいろな話をしていると、ふだんの生活の中では久しく感じなかった感覚を思い出します。童心に戻っての悪ふざけは、学生時代の修学旅行そのもの。少しくらいはめを外しても許されるような、自由な気持ちです。

友との語らいの時間は、自分を相対化して見ることができる貴重なチャンスです。

何の制限もない自由な中で、自分が好きで選んだこと、話したことは、まさに自分自身を投影しているものだと思います。リラックスした時間から、新しいアイデアが生まれたりします。「自分はこれが好きだったのか」と気づくこともあるでしょうし、友人に「おまえは、昔から○○だったよな」と言われてハッとすることもあるでしょう。

ですから、できるだけ関心の幅を広げ、新しい風景を見に行きましょう。旅行に行ったり、新しい仕事や趣味にチャレンジしたりするのです。

新しいことに積極的に挑戦すると、新しい風景が見えるようになりますから、それはまるで旅行をするようなものです。失敗することもあります。ですが、それも新しい一つの風景。私は、そんなときもできるだけ楽しむようにしています。

「楽しみの時間は、仕事のための充電時間」ととらえる人がいます。「遊ぶために、働く」という人もいます。

しかし私から見れば、「仕事」も「遊び」も等価値です。どちらも楽しみであり、「楽しめるか」どうかを価値基準として判断しています。

たとえば、受験生にとって試験当日は、緊張を強いられる、とくに大事な時間です。

ですが、その時間は自分が選択して得たものです。貴重な自己決定の結果なのですから、おおいに楽しんだほうがいい。「緊張している受験生」という、今しかない風景を楽しむのです。そして、試験が終われば、また違う景色が見えるはずです。

仕事だって、「創意工夫ができる楽しみ」だと思えば、苦ではなくなります。新しいことを創造する遊びの場ととらえればいい。そうして工夫したり、ステップアップしたりするうちに、新しい景色に出会えるでしょう。

どの瞬間も同じように、重要な人生の本番なのです。

Message

遊びも仕事も、人生の本番。そのときだから見える風景を大切にしよう。

私の「スランプ立ち直り法」

何かを成し遂げようと思って努力しているときには、スランプに陥ることがよくあります。受験生の相談でも、とくに多い内容です。

スランプは、一生懸命取り組んでいなければ、陥ることがないものです。だから、「今の自分はスランプだ」と感じたならば、それまで一生懸命頑張ってきたことの証《あかし》にほかならないのです。

何かを成し遂げた人は少なからず、ゴールにたどりつくまでに、何度かスランプを経験しているものだと思います。

もしあなたが、「もうやる気がなくなった」とか、「どんなに頑張ってもテストの点数が伸びない」とか、スランプに陥っているなと思ったら、それは夢に一歩近づいたことの証だと、むしろ自分を褒めてあげてください。

ただ、いくらスランプはいいものだといっても、ずっとそのままではいけない。自分なりの「スランプ立ち直り法」を知っておけば、いつでも対応できるので、もう怖いものなしです。

私が「スランプ立ち直り法」としてよくすすめているのは、「夢リスト」と「元気ノート」です。

スランプに陥ったときは、「もう自分はこのまま落ちこんで、立ち上がれないのではないか」と思ってしまいがちです。それは、やる気に満ちているときの元気な自分の姿を忘れてしまっているから。視界が狭くなり、自分を客観視できなくなってしまっているのです。

だから、「元気なときの自分」を思い出す道具を用意しておけばいい。そうすれば、スランプから脱出するためのきっかけになります。

「夢リスト」とは、「自分は○○したら、こんなことをやりたい」ということを書き出したものです。

あなたが今、めざしていることが達成できたら、何をしたいですか。それは何も高尚なものでなくてもかまいません。

誰にもじゃまされずにぐっすり寝たい、おいしいものをおなかいっぱい食べたい、彼女や彼氏と楽しい時をすごしたい、海外旅行に行って思い切り羽を伸ばしたい、フェラーリを買って乗り回したい、政治家になって世の中を変えたい……。

何でもいいですから、思いつくたびに、一個でも二〇個でも紙に書き出して、「夢リスト」をつくってください。その「夢リスト」は、机の中にでもしのばせておいて、元気が出なくなったときに、こっそりそれを見るのです。他人から見たら笑える姿かもしれませんが、それで元気になれるならいいじゃないですか。

もう一つ、「元気ノート」をつくるのも、スランプ脱出に役立ちます。「元気ノート」とは、その言葉どおり、自分が元気になれるものを記したノートのことです。

新聞や本を読んだり、テレビを見たりしたときに、元気が出る言葉や場面を見つけたら、それをメモしておきます。「あっ、いいな」と思ったら、それを記す。友達や、講師の先生が励ましてくれた言葉も書きとめておく。大好きな映画や音楽をメモしたり、用意しておくのもいいでしょう。こうした日記がわりの自分の「元気ノート」を用意しておいて、元気がなくなったときにそれを読み返します。

これらの「夢リスト」や「元気ノート」をつくっておくことは、スランプに陥ったときに役立つだけではなく、自分の夢を実現させるためにも有効な手段です。

成功したさまざまな偉人や先輩たちが、成功哲学として「思ったことは実現する。それを紙に書き出して形にすれば、実現可能性はもっと高くなる」と言っています。

まず紙に書き出すこと。

夢を現実に変えるために、ぜひやってみてください。

Message

「夢リスト」や「元気ノート」をつくろう。

楽観的な人間になるための二つのコツ

第一章でも書きましたが、私は「あるがままの事実を受け入れることは大切だ」と考えています。成長するためには、自分に何かつらいことが起こっても、それを他人のせいにしてはいけない。あくまでも自分がまいた種の結果なのだから、それから逃げることなく受け入れるべきだと思います。

ただ、一方で「事実を受け入れる方法」を知っておくことも大切です。

というのも、「事実を受け入れなくては。他人のせいにしてはダメだ」というのが行きすぎて、すべて自分の責任だと問題を一人で背負ってしまい、その重さに耐えられなくなってしまう人が少なくないからです。

私はもともと、悩みごとを引きずるタイプでした。考えても仕方がないことを、いつまでもぐずぐずと悩み、結局解決できずにまた落ちこむ……ということを繰り返していました。

しかし、これではいけないと思い、二〇年以上、自己改造を試みてきました。自分の性格を変えることができたのか、自信はありません。でも、自分に「やればできる」と言い聞かせて、奮い立たせることで、前に進めるようにはなりました。

自己改造をする中で参考になった本があるので、紹介します。『オプティミストはなぜ成功するか』（マーティン・セリグマン著、山村宜子訳、講談社文庫）です。自分が実践してきたことと同じだと思って、大切にしている本の一つです。

著者は、「人は誰でも、自分をコントロールする力をもっている」と言います。そして、「不幸な出来事に遭遇したときに、それをどう自分に説明するかによってそこからの立ち直りが違う」と書いています。

どのように立ち直ればいいのか。

そのキーワードは「一時的」と「特定的」です。

一つ目の「一時的」とは、「自分に起こった不幸を永続的ととらえ、自分の人生にいつまでも影響を与えると考えるのか」、それとも「不幸の原因は一時的で、じきによくなると考えるのか」の違いによって、大きく変わるということです。

つまり、悪いことが起こったときに「いつもうまくいかない」と自分に説明するのではなく、「今回はうまくいかないだけだ」と考えるようにするのです。

どのような失敗も、一時的には人を無気力にします。ですが、重要なのはそこからいかに早く立ち直るか。そのためには、失敗を自分の中で永続化しないことです。

二つ目の「特定的」についてですが、「これが失敗したら、ほかのものも全部ダメだ」と考えるか、「この部分はうまくいかないけれど、ほかはできる」と思えるかどうか、ということです。

たとえば、勉強でも、憲法だけが不得意なだけなのに、「そういえば民法も苦手だし、刑法も得意じゃない」ととらえてしまって、さらには「法律自体に向いていない」と、どんどん失敗を普遍化してしまう人がいます。また、仕事で失敗しただけなのに、勉強もダメだ、プライベートもうまくいかないと考えてしまう人もいます。

しかし、あくまでも、ある分野、ある一部分の問題にすぎないと「特定化」して考えることが大切です。

楽天的に考えてみましょう。

難しいかもしれませんが、一つうまくいったんだから、次もうまくいくと思うようにするのです。プレゼンがよかったんだから、本番もうまくいく。一次試験がうまくいったのだから、最終試験もきっと大丈夫というふうに。

責任転嫁になってしまってはいけませんが、プラス思考は精神的にもいいはずです。もっとも私自身、これからもまだ訓練する必要があると思っています。

Message

失敗は、一時的なもの、限定的なものととらえよう。

「食事・睡眠・ストレス」のバランスをとる

「健康管理も実力のうちだ」と言われます。

本番の日に実力を発揮するためにも、ふだん前向きに取り組むためにも、心も体も健康であったほうがいい。調子がよくないと、集中力もなくなるし、余計な時間ばかりがかかってしまいます。

では、健康を保つためには、どうすればいいのでしょうか？

私は昔から、「食事」と「睡眠」と「ストレス」の三つのうち、二つ以上に負荷がかからないように気をつけてきました。

たとえば、仕事が忙しくて睡眠時間があまりとれないときは、よく食べ、明るく楽しくすごして、ストレスをためないようにする。忙しくて満足に食事をとれないときは、よく寝て、明るく楽しくすごし、ストレスをためないようにします。仕事や勉強、人間づきあいでいやなことが続いてストレスがたまってしまう場合には、よく食べて、よく寝ます。そんな具合です。

自分のこれまでの経験上、どこか一つがダメでも、ほかの二つがよければ、どうにか乗り越えることができます。同時に二つ以上の負荷がかかると、けっこう大変でした。

「すべて完全に健康でなければいけない」と思ってしまうと、かえって負担になることもあります。

持病があったり、もともと体が弱かったりする人にとって、「健康でなければダメなんだ」ととらえてしまうと、ハンディキャップのように感じるかもしれません。しかし、そのように考える必要はまったくありません。弱い部分があることは自分の個性ですから、それを補う形で、ほかの長所を生かすなり、ほかの部分でフォローすればいいのです。

健康でないときも、健康でない自分を受け入れて、楽しみましょう。一時的に具合が悪くなったら、健康なときの自分に感謝できるから、たまに風邪《かぜ》をひくこともいいことかもしれません。

私もよく風邪をひきます。しかし、講義を休むことはできませんから、声が出る限り教壇に立ちます。

そういうときは、具合の悪い自分を嘆くのではなくて、元気なときの自分をイメージして、弱い部分を補うようにします。睡眠をとったり、食事をとったり、ストレスをためないようにしたり、元気な自分に戻る努力を少しずつしていきます。

講義は絶対に休めないという思いから、自分の体にとってよくないと思うものは、できるだけ避けるようにしてきました。学生時代はたばこを吸っていましたが、たばこを一本吸うと脳細胞が何万個も死ぬということを聞いて、それ以来やめました。夏の暑いときにのどが渇いても、豆乳などを飲むようにして、いわゆる清涼飲料水はできるだけ避けるようにしてきました。

たばこをやめろ、体にいいものを食べろと言っているわけではありません。あまりこだわりすぎると、それがストレスになってしまいますから。

結局、自分の好きなもの、自分がおいしいと感じるものを、食べたいときに食べるのが、一番の健康法のような気がします。たばこやお酒は健康によくないと言われますが、たばこやお酒が大好きで、それによってストレスが解消されたり、楽しい気持ちになれるのなら、それでいいのではないでしょうか。

最近は、さまざまな健康法が話題になり、いろいろな種類の健康食品が売られていますが、振り回される必要はないと思います。結局、自分でバランスをとればいいのです。

Message

健康も自分でコントロールしてみよう。

なぜ、「方法」を勉強することが重要なのか

「自分でやるべきところ」と「自分でやらなくてもいいところ」がしっかりわかっていると、全体として時間を短縮することができ、時間を有効に使うことができるようになります。

私は大学時代、司法試験の勉強を始める前に、「勉強法」だけの勉強を一週間かけてやりました。合格体験記を読みこみ、合格者の共通点を見出したり、合格までにやるべきことの全体像を考えて、時間割をつくったり、やるべきことを配分したりしていました。

そうして、新たな勉強方法を編み出そうとやっきになって勉強しましたが、一回目の試験では不合格になってしまいました。

その後一年間は、「次は絶対に受かるぞ」という信念のもと、必死に勉強しました。

どのくらい必死だったかというと、まず勉強時間は、住みこみの夜警をしながら、一日一〇数時間以上。電気を消してふとんの上で寝ることは、まずありません。電気をつけたまま、顔の上に本をかぶせて畳の上に横になって寝ます。畳の上ですから、背中が痛くなって三時間ぐらいで寝返りを打つと、顔の上にのせた本がパラリと落ちてまぶしい、それで目がさめるという毎日でした。

どうしても一年で受かりたかった。普通の方法、先輩と同じやり方では、二、三年かかってしまう。そこで私は、他人と同じ勉強方法はやめて、私なりの方法で勉強を始めました。

当時は、「そんな勉強方法では、受からないぞ」と、まわりの人からおどされました。しかしそのときの私は、他人と違う勉強法に賭《か》けてみたかったのです。

その勉強方法でうまくいったからいいようなものの、そのときは不安もありましたけれども腹を据えて、とことんやることにしたのです。

とことんやれば、一年後、結果が出ます。もしいい加減にやっていたら、私の勉強法が間違っていたのか、それとも努力が足りなかったのか、その判断がつきません。

しかし、必死に勉強して、それで失敗したのなら、それは勉強法が間違っていたのだとわかるし、その失敗が次に生きるわけです。

だから、私はギリギリまで自分を追いこんで、死に物ぐるいで勉強しました。その結果、私は一年後、運よく合格できたのです。

そうしたら今度は、自分の編み出した勉強法は、私だけのものなのか、それとも他人にも役立つのかどうかを検証したいと思いました。これが、受験指導を始めるきっかけの一つになったのです。

私が受験生だったころにはあまりなかった受験指導校が、最近は選ぶのに困るほど増えています。

学校や受験指導校は「勉強方法」を教わる場所であると思っていますから、今は受験生にとって幸せな環境になってきたなあと思います。以前は、間違った勉強法で、やればやるほど合格から遠ざかるということが、ざらにあったのです。

今でも私は、新しいことに取りかかる際には、まずその「方法」を勉強したり、「他人のお世話になったほうがいいところ」や「自分でやらなければいけないこと」を書き出したりしています。

勉強でも仕事でも、自分なりに「方法」を勉強してみてください。他人からただ言われたやり方ではなく、自分で納得して編み出した方法こそ、きっと自分にとっていちばんいいものです。

この本を読むことも、あなたにとって、「夢を現実に変える方法」を見つける一助になればと思っています。

Message

「自分でやるべきところ」と「自分でやらなくてもいいところ」を認識する。

「本気」が限界を突破する

司法試験合格者の話を聞く機会が多いのですが、そこには、どんな世界でも通用する、ある「教訓」があると実感します。

それは、本気でやるということと、最後まで絶対にあきらめないということです。

「今さら、あまりにも当然のことを」と思われるかもしれませんが、結局は、この二点に行きつくのだと思います。

五回目の試験で合格したある合格者は、「不合格になった四回までは、本当の意味で必死に勉強していなかった」と振り返ります。

合格したあとだから言えることかもしれませんがと前置きして、彼は「それまでは、自分の勉強態度として必ずしも十分ではなかった」と続けました。そして、「もともと勉強が苦手だったし、仕事をしながらだったので、自分では『五年』が最短合格だと思う」と言っていました。

またある方は、「受からないということは、本気で受かりたくないからだ」と言います。「やればできる、というのは当然。大切なのは、何をどうするのか、必死に自分で考えることだ」とも。

これを聞くと、「合格者だからそんなことが言えるんだ」という反発が聞こえてきそうです。

ですが、彼女は実際に、「本気で受かろう」と、それにふさわしい努力をしていました。講義からの帰りには、あえて一つ手前の駅で降り、自動販売機の明かりでテキストを確認したり、その日の講義の要約をブツブツと話したりしながら、暗い夜道を歩いていたそうです。その結果つかんだ合格のあとだからこそ、言えることなのです。

また、「最後まで絶対にあきらめない」ということも、それを実行できるかどうかで差がつくようです。

本番前にうまくいかないことがあると――たとえば模擬試験がうまくいかないとか、成績が伸び悩むとか――すると、「来年でいいや」とあきらめてしまいがちです。しかし、「絶対に今年合格するぞ」と思わなければ、けっしてゴールにはたどりつけません。

司法試験は択一試験と、その二カ月後に行われる論文試験がありますが、択一のときには、ある教科は基礎部分しか手をつけていなかったほどなのに、「どうしても今年、合格するんだ」と驚異的な集中力でラストスパートをかけ、論文試験を乗り越えた人を知っています。

どんなことでも、新しいことや困難なことに挑戦するのは大変です。リスクもあります。しかし、リスクをとらなければ成し遂げられないこともあります。人生の中では、勝負をかけなければならない時期があるのです。

限界までは誰でもできる。そこからが本当の勝負です。本当に成し遂げたいならば、その「本気」が、限界を超えさせるのです。

Message

本気でやること、最後まで絶対にあきらめないこと。

第4章

夢をかなえる生き方

「よい仕事にめぐりあうこと」は、何よりも大切なこと

まず、自分を信じることから始まるということ。そして、勉強の大切さ、限られた時間を有効に使う方法などについて書いてきました。この章では、夢や生きがい、よりよく生きることについて述べていきたいと思います。

前述したように、私は「伊藤塾」塾長として、真の法律家を養成するために、日々全力投球で生きています。

そんな中、「塾長は、なぜいつもそんなに元気なのですか?」と言われることが、よくあります。忙しそうに見えるようなのですが、自分では忙しいと感じていないし、疲れたと思うこともほとんどありません。

なぜだろう、と自分でも不思議に思いました。

それは、今の仕事が、私を鍛えてくれるからではないか。仕事が自分を成長させ、

人生をやりがいのあるものに変えてくれているからではないか。最近、そんなふうに思うのです。

仕事には、人生を輝かせる力があります。だから、よい仕事にめぐりあうことは何より大切なことです。

「よい仕事」とは何か。それは「自分が他人の役に立っているという実感を持てること」だと、私は考えています。「誰かの役に立っている」という気持ちが、仕事のやりがいに通じ、ひいては夢や生きがいに通じるのではないでしょうか。

そう考えると、たとえば「お金持ちになる」というのは、幸せとは違うことがわかります。お金持ちになって、そのお金を誰かに役立てられたときに初めて、幸せを感じるのではないでしょうか。

それでは、誰かの役に立っていない時期は価値がないのかというと、そんなことはありません。自分に課された使命を、いつか果たせばいいだけです。「夢」に到達するまでには、それなりの準備と時間が必要です。

人生には、価値のない時間などありません。

激烈なアウシュビッツ強制収容所を奇跡的に生き抜いた、精神医学者のV・E・フランクルは、「人が生きているのは、生きる価値があるからだ」と言っています。どんな失敗も苦しみも、いつか役に立つのですから、生きる価値につながるのです。目標に向かって懸命に努力すること、その態度自体に価値があるのです。

今私は、未熟ながらも、教育という仕事に携わっています。この仕事が好きです。人間が成長するのに、教育はなくてはならないものだと思います。教育を受けることによって、「自分は、自分が思っているよりも、素晴らしい存在なのだ」ということを自覚し、自信を持ってもらえたらと願っています。

これからも、自分の持っているものが誰かの役に立つなら、それを惜しみなく提供して、もっと成長していきたいと考えています。

Message

よい仕事とは、誰かの役に立っていると実感できるもの。

毎朝三時起きで準備した「夏季集中講義」

自分の仕事、「伊藤塾」について、少し書かせてください。

私の塾では、通常の授業のほか、必要に応じて集中講義を行っています。ある年の夏、「平成の論文過去問が一気に見えるようになる講義」という授業をやりました。

これは私自身、正直に言ってきつい。毎日受ける受験生も大変でしょうが、講義をする方もきついのです。

泣き言を言うようでかっこ悪いのですが、実は、準備に追われ、寝る時間もありません。この特別講義では、六科目（憲法、民法、刑法、商法、民事訴訟法、刑事訴訟法）各三〇問、八〇通の答案に目を通し、最近の論文試験の傾向を分析し、その対処法を整理し、具体的に役立つ方法をまとめなければならないのです。それも、いつもの授業や仕事をしながら、です。

毎朝三時に起きて準備をしながら、ときどき、「どうしてこんなに苦しいことを、あえてしているのだろう」と自問自答することがあります。

受講生がどうとらえているかはわかりませんが、私にとっては、「この集中講義を聞くか聞かないかで、短期合格できるかどうかが決まる」と思って取り組みました。この集中講義は大きな意味を持っていたのです。だから、自分にムチを打ってでもやる。そして、この集中講義が終わったときには、私自身にとっても成長があります。

論文過去問を徹底的に分析して新しい知識を得たり、傾向がわかったりといったように、仕事上の成果もたくさんあります。でも、それ以上に意味があるのは、新しいことに挑戦して、自分自身が成長することによって、生きる意味を見出せるということです。仕事だろうと何だろうと、とにかく今、限られた時間の中で新しいことに挑戦して、それを乗り越えたのですから。

将来がどうなるとか、何が起きるかなんて、私もまったくわかりません。将来をつくるのは、与えられたさまざまな制約の中で、今をどう生きるか、この今を意味あるものにするかどうかだけです。今が、将来の分かれ目。今の連続、それが人生です。

そもそも、生きるということは、「死」という限界を与えられた上での営みです。もし私に無限の能力が与えられていたら、また永遠の時間が与えられていたら、何の努力もしないでしょう。限界や制限があるから、頑張れるのです。人生は有限であり、限られた環境の中だからこそ、必死になってそれに立ち向かおうとすることに意味があるのです。

そう考えると、「制限」は、「生きる意味を与えてくれるもの」ととらえることができます。「制限」や「限界」は、むしろ自分の人生を肯定する根拠になるわけです。

どんなスポーツにもルールがあり、試験問題もさまざまな条件や制限があるからこそ、問題として成り立っています。縛られれば縛られるほど、難しければ難しいほど、人生は楽しいはずなのです。

Message

制限があるほうが、挑戦しがいがあるし、楽しい。

中坊公平先生が教えてくれたこと

さて、「伊藤塾」では、「明日の法律家講座」と題した、無料公開講演会というものも行っています。

これは、法曹界などで活躍する人を招き、話をしてもらうものです。めざす仕事で働いている人のリアルな声を聞いて、夢を具体的に描いてもらいたい、モチベーションを高めてもらいたい、そう思って始めました。

その「明日の法律家講座」で、一〇年ほど前に、元弁護士の中坊公平先生にお話をしていただいたことがあります。中坊先生は、ご存じの方も多いと思いますが、日本法曹界のスターとして長く活躍された方で、その仕事ぶりから「平成の鬼平」とも呼ばれていました。

中坊先生の講演の中で、とくに印象に残った三点について、紹介したいと思います。

一つ目は、「弱い者は強くなれる、そして強くなったら、その力を弱い者に返してほしい」ということです。

中坊先生は、司法試験に合格されるまでに、大変苦労されています。自身のことを「落ちこぼれ」とも言っていました。そういった自身の経験から、「弱い者の痛みを感じ取ることがいかに重要か」ということを、教えてくださいました。

自分自身が弱者であったり、いじめられたり、挫折《ざせつ》したりした経験のある人は、きっと他人の痛みをわかってあげられる人だと思います。

どんな仕事でもそうだと思いますが、とくに法律家は、弱い立場の人を助ける仕事ですから、相手の苦しみをわかってあげられる能力は必要だとあらためて思いました。

二つ目は、「現場の体験の中で、勘が冴えてくる」というお話です。

中坊先生は、仕事において「現場から学ぶこと」を心がけてきたと言っていました。たとえば、ある事件を担当していて、どうしてもうまくいかないという壁にぶち当たったときは、とにかく現場に行く。そして、事実を集めてくる。「現場を知っていれば、人を説得することができる。現場主義に徹することが、成功の秘訣《ひけつ》だ」ということでした。

「現場主義」ということはよく言われていることですが、つい、慣れてくるとそれを忘れがちです。

たとえば、勉強でも、教科書や参考書を見ているだけでは不十分です。もっと踏みこんだところ、事件の現場や渦中の人の話からしか見えてこないものがあると思います。どんな小さいことでも、現場の一つひとつが大事なことなのです。

思えば、弁護士になりたてのころ、コピー取りばかりをしていたこともありました。それは、現場の仕事の中でも、とくにこまごまとした「雑用」とも言えます。

そんなとき、正直「コピー取りをするために弁護士になったのではないのに」と思いました。「プライドが許さない」という人もいるかもしれません。しかし、それは間違いだと気づきました。

もしコピー取りを任されたのなら、日本一のコピー取りになればいいのです。もしあなたが日本一のコピー取りになったら、誰もあなたをただのコピー取りのままにはしておかないでしょう。

仕事の価値は、自分で決めるものではありません。コピー取り、お茶くみ、受付、レジ打ち、ビラ配り……与えられた仕事は、どんな仕事でも、一つひとつ全力を尽くしてやってみることです。どんな些細《ささい》なことでも、現場で与えられる仕事に全力を尽くして立ち向かえば、得られるものは必ずあるはずです。そして、将来人の上に立ったときに、現場の人の気持ちや思いが理解できる人間になれるでしょう。それは、あなたにとってかけがえのない財産になります。

三つ目は、「人の不幸をお金に換える仕事、人の不幸につけこむような仕事をしてはいけない」ということです。

仕事は何でも、助けを求める誰かに対して行うものだと思いますが、とくに弁護士や医者のところに来る人は、人間関係の問題や金銭トラブルなどの法的な問題を抱えていたり、体調が悪くて自分ではどうしようもないといった、弱い立場にある人です。たとえば、弁護士は、弱い立場の人を助ける仕事です。だから、見方を変えれば、相手の弱みにつけこむことができる機会をつねに持っています。やろうと思えば、救いを求める人に対して、法外な料金を請求することもできるかもしれません。

でも、それをしてしまったらおしまいです。楽な道、悪い誘惑に手を染めないよう、自らを律する力が必要です。それができなくて信頼をなくし、転落していった人を私も何人か見てきました。

誠実に行動していれば、いつか自分に返ってきます。

すぐれた弁護士は、負けた相手方の当事者から「次は先生にお願いします」という依頼を受けると言います。結果としては自分が相手を負かしたのに、その相手方からも信頼されるような仕事ができるわけです。

関わったすべての人から感謝されるような仕事をする。それこそが、最高の仕事ではないでしょうか。

ほんの二時間ほどの中坊先生のお話から、たくさんの気づきをいただきました。

Message

関わったすべての人から感謝されるような仕事をしよう。

「声」や「言葉」には「夢を現実に変える力」がある

私は毎年、司法試験の試験日には、試験会場に行くことにしています。何のために行くのかといえば、ただ声をかけて、受験生を応援するためです。この二五年間、雨の日も炎天下でもどんなに忙しくても、毎年、毎回行っています。

先日も四日間、新司法試験の試験会場に行きました。入り口の門のところにずっと立ち、受験生たちに声をかけていました。

そんな私を見て、うっとうしく感じる人も、もちろんいるでしょう。気にもとめない、どうでもいい存在だったという人もいたと思います。でも、「たった一人でも、私の姿を見て安心し、元気が出たという受験生がいてくれたら、それで十分に意味がある」と思って、立ちつづけました。

「おはようございます。頑張ってくださいね」

そうやって声をかけても、だいたい無視されます。無視されつづけるのに、二時間ずっと、前を通る人全員に声をかけるというのは、けっこう疲れます。欧米ではまったく見ず知らずの人同士でも、目が合うと微笑《ほほえ》んだり、挨拶《あいさつ》したりするのになあ、なんて思ったりしながら、ただ声をかけつづけました。

私は、いったい何のために、一人でこんなことをしているのだろうか。みっともないと思ったこともあります。売名行為で、営業のためにやっているんだろうと言われたこともあります。

私はそれでもやはり、受験生を応援したいという気持ちから、足を運びます。ちょっときれいごとに聞こえてしまうかもしれませんが、でも、本当です。

実を言うと昔は、「返事くらいしてくれてもいいのに」と思ったことがあります。でも、声をかけることは私が好きでやっていることなので、そう思うことはこちらの気持ちの押しつけで、自分のわがままだと考えるようになりました。見返りとして返事を求めるのは間違っています。気持ちが伝わったかどうかの安心感よりも、合格してほしいと強く願う思いのほうが、私にとってはよほど重要なことになったのです。

声をかけるといえば、試験当日だけでなく、講義の前も、挨拶をしっかりとするようにしています。

講義前、挨拶をするとスイッチがオンになり、「さあ、やるぞ」と気合が入ります。さらに同時に、「みんな、今日も頑張ろう」と受講生を励ます気持ちもこめています。

私にとって挨拶は、単なるコミュニケーションの道具ではありません。自分自身に気合を入れるものであり、目の前の人をいとおしむためのものです。

「声」や「言葉」には力があると、私は思っています。言葉は、息とともに、声に出されることによって、力を持つのです。

だから私は、ふだんから否定的な言葉を使わないようにしていますし、できるだけ元気な声で話すようにもしています。

また、受験生によく言うのですが、「どうせできない」とか「きっとダメだ」とネガティブなことを言う人の近くには近づかないほうがいいのです。尊敬できる人や憧れの人、いっしょにいるだけで元気になるという人の近くにいたほうが、自分のやる気も自然とわいてきます。

誰でも、「絶対合格」といった言葉を紙に書いて貼《は》るとか、かけ声をかけて気合を入れるといったことをしたことがあると思います。

声に出したり、言葉で書いたりしたことは、かないやすい。言葉には「夢を現実に変える力」があるのではないでしょうか。

Message

否定的な言葉は使わない。前向きな言葉の力を利用しよう。

「捨てる」ことで、「自由」になれる

先日、『千円札は拾うな。』(サンマーク出版)というベストセラー書籍の著者で、コンサルティング会社の代表である、安田佳生さんと対談をしました。

彼は、「残業をやめれば、給料は増える」というようなドキッとする表現を用いいながら、「自分の信じている常識や価値観を捨てなければ、成長できない」と主張しています。

この考え方は、私の関わっている教育や勉強の世界でも通用するものだと痛感し、とても興味深いものでした。

私たちはいつも、いろいろなものに縛られています。自分の過去だったり、自分の勉強方法だったり、これまでのこだわりだったり……。しかし、その「縛り」から自由になったときに、新しい道が目の前に開けます。

自分がこだわってきたことを捨てるのは、とても勇気のいることですが、それを捨てる勇気があれば、より自由になれます。

私は、「伊藤塾」を立ち上げるときに、弁護士資格を捨てました。周囲からは「なんてもったいないことを」とずいぶん言われましたが、弁護士資格を捨てることで、自由に法教育をすることができるようになりました。私の夢は「真の法律家を育てる」ことなのですから、いくら弁護士資格を持っていても、その役には立たないわけなので、よい選択だったと思っています。

またあるとき、自分が築き上げてきた過去の教育ノウハウを、あえて一度、すべて捨てることによって、まったく新しい塾のメソッドをつくりあげることができました。

考えてみるとたしかに、「捨てる」ことが、「自由」につながっているのです。

ある司法試験の受験生は、大学を卒業してしばらくは受験勉強だけに専念していましたが、就職して仕事をしながら勉強することにしました。それまでは、一日をめいっぱい勉強にあてて、勉強時間もふんだんにありましたが、その勉強の環境を捨てることになりました。

勉強時間が一〇時間から八時間になっても、おそらく勉強の質は変わらないでしょう。しかし、一〇時間から、一気に三時間に減ってしまうと、勉強のやり方自体を劇的に変えないと、とても合格できないことに気づきます。そこで初めて、「量」ではなく「質」を追求するようになるのです。

彼は、合格のためにやるべきことの優先順位を本気で考え、基本に徹する勉強ができるようになり、翌年、合格していきました。

また、法律家になる道を捨て、途中で受験勉強を中断、別の道に進んだ人もいます。司法試験をあきらめて、司法書士に目標を変えた人もいます。これは「最後まで絶対あきらめない」という考えに矛盾するのではないか、と思う人もいるでしょう。

私は、けっして矛盾ではないと思います。

めざす資格を変えたのも、法律家になるという夢はあきらめずに、その手段を変えてみただけ。ほかの仕事に就いたのも、幸せに生きるという夢をあきらめずに、別の職業に変えてみただけです。

「人生の夢」が、ぶれなければいい。「夢」にたどりつくための手段や目的は、何度でも変えればいいのです。
「人生の夢」さえあれば、「捨てる」とは、「あきらめることとは別」だと、わかるでしょう。「捨てる」とは、別の道を選択しただけであり、より自由に行動しているだけなのです。

Message

自分がこだわっているものを、一度捨ててみよう。

何が「勝ち負けにこだわらない境地」に導くのか

本書でも何度か例を出していますが、一流のスポーツ選手の生きざまや考え方は、法律や勉強の世界でも通じるところがあるなあと思っています。

たとえば、二〇〇六年のトリノオリンピック、フィギュアスケートで荒川静香選手が金メダルを取ったことは、記憶に新しいことと思います。

荒川選手がインタビューで話していた「勝ち負けにこだわるのではなく、自分のスケートにこだわった」という一言が、とても心に響きました。あれだけの大勝負にのぞんで、勝ち負けにこだわらないという境地は、どこから生まれるのでしょうか。

勝ち負けにこだわらない。試験で言えば、合否にこだわらない。仕事で言えば、売れようと売れまいとこだわらないということでしょうか。とにかく自分が納得できたかどうか。その境地まで行くための鍵《かぎ》は、私は「継続」だと考えています。

たとえば、勉強の継続ができておらず、自信がないまま本番の試験にのぞんだとします。そこで難問に直面すると、どうしても、「この一問が解けなければ、合格できないかもしれない」と悪いほうへ考えてしまう。視界が狭くなってしまうのです。

しかし、合格するときは違います。「あれだけ勉強したんだから、大丈夫」と、継続から導き出された自信によって、一問一問、焦らずに自分の力を出す。その結果として合格がついてくる、という感覚なのです。

四年に一度の、メダルがかかったオリンピック本番であるにもかかわらず、あたかも勝ち負け抜きのエキジビションの演技ように、のびのびと楽しそうに美しく舞う。これは、とてつもない練習量と精神的な強さがないとできないことです。何度もスランプを乗り越えて継続することで獲得した、しなやかで強靱《きょうじん》な真の強さです。

このように最近、「継続すること」の重要性を、強く感じます。

まずは、何でも続けてみることです。ただ、ひたすら続けること。変化を求める世の中だからこそ、逆に変わらず続けることに価値があると思うのです。

私も、愚直に続けてきました。

二五年間にわたる受験指導。一〇年の節目を乗り越えた「伊藤塾」の経営。二〇〇回を超える「明日の法律家講座」。毎月一〇回を超える憲法講演。「伊藤塾」のホームページに掲載している「塾長雑感」の原稿も、一〇年間毎月書きつづけて、一三〇回以上になりました。

自分でも、よく続けてこられたなと思います。もちろん、全部が全部、順風満帆であるわけもなく、当たり前ですが、波風を乗り越えての継続です。しかし、この積み重ね、時の重みは大きいと思っています。継続してきたおかげで、さすがに少々のことでは動じなくなりました。

どんなことでも、とにかく続けてみてください。継続は、必ず大きな力となって返ってきます。

Message

続けることで、夢がついてくる。

バイオリニスト、川畠成道さんに教わったこと

今度は音楽の話をしましょう。

川畠成道さんというバイオリニストがいます。私は、彼の奏でる美しい音色に感動し、よくCDを聴いています。

川畠さんは、目が不自由です。幼いとき、薬害のために視力を失ってしまったそうです。それでも、英国王立音楽院で首席となり、世界的に有名なコンクールで優勝し、プロのバイオリニストとして活躍されています。

彼は、著書『僕は、涙の出ない目で泣いた。』（扶桑社文庫）の中で次のように書いています。自分と他人は違うのだから、それを比べても仕方がない。自分自身がどれだけできたかということが、自分の価値観になっている。どれだけ納得いくかいかないかという判断にすべてを置いている、と。この言葉に心を打たれました。

そんな彼でも、あるコンクールのセミファイナルで落ちてしまったときには、「せいいっぱいやっているのに」と、大変なショックを受けて、落ちこんだそうです。しかしそれでもその後、ちゃんと立ち上がっています。当時二八歳の天才は、「何度も何度も挫折しながら強くなっていくし、人にも優しくなっていく」と言っています。

どのような境遇に置かれても、その中でベストを尽くすことによって、奇跡を起こすことができるのだなと思わされました。

バイオリニストだけではなく、法律家でも、どんな仕事でも、人の心を揺さぶることができると思います。勝ち負けとか、儲《もう》かるとか、稼げないとか、そういったことが気になるのはもちろん当然ですが、それを超えた価値もあるのです。

目先のことにとらわれず、「自分が納得できたかどうか」に立ち返ることも、大切なのではないでしょうか。

Message

「自分が納得できたかどうか」を、いつも問いかけよう。

「法律」と「芸術」にも共通点がある

先日、『憲法九条を世界遺産に』（太田光・中沢新一著、集英社新書）という本を読みました。あの爆笑問題の太田さんと、民俗学者で思想家の中沢さんの対談というのですから、面白くないはずはないと思って手に取りました。

歴史・平和学者のクラウス・シルヒトマン博士によって提唱されている「憲法九条を世界遺産にしよう」というアイデアを、新たな切り口から展開していて、とても刺激的でした。

太田さんの芸人としての見方と、中沢さんの思想家的な見方が相乗効果を生んでいて、大変面白く読めたわけですが、「芸人」と「思想家」はけっして正反対なものではないなとも思いました。

「法律」と「芸術」も、まったく違う世界のものととらえられることがあります。しかしながら、法律の力で何かを表現しようとすることは、実は芸に通じるものがあるのではないでしょうか。

「芸術」は感動から生まれますが、法律にも感受性が必要です。すべての仕事は感動から生まれ、そして感動を与えることができる。法律家も、芸人も、通じるところがあると思います。

太田さんの言葉で、次のようなものがありました。

「若い人たちが、自殺サイトで死んでいくのも、この世の中に感動できるものが少ないからなんでしょう。それは、芸人として、僕らが負けているからなんだと思うんです。テレビを通じて、彼らを感動させられるものを、何ら表現できていない。極論を言えば、僕の芸のなさが、人を死に追いやっているとも言える。だとしたら、自分の感受性を高めて芸を磨くしかないだろう、という結論に行き着くわけです」

これを読んだとき、不覚にも目頭が熱くなりました。

芸を人の命と結びつけて、自分の使命と考えている人がいるんだと思い、感動したのです。この太田さんの言葉は、「感受性を高めていくことが、いかに重要か」を端的に示していると私はとらえました。感動できるかどうか、想像できるかどうかで、人生も変わっていくと思うのです。

どんな仕事でも、感受性によって、その仕事内容は大きく変わります。

たとえば法律家の場合。依頼人は、本当は何に困っているのか。相手は、本当は何をしてほしいのか。それをはっきりと言わない人も多いですし、言えない人もたくさんいます。だから、こちらがイマジネーションを働かせて、相手の本心を感じ取っていかなければなりません。プロというのは、知識を振り回すものではなく、相手の気持ちをくみ取ってあげられる人だと思うのです。

感受性を磨いてください。いろいろな立場の人と話をしたり、読書をしたりして、想像力を働かせてください。そして、涙を流せる人、相手といっしょに思い切り喜べる人になってください。

Message

感受性に磨きをかけよう。

「他人と違う」と言われると、うれしいですか

最近よく思うのですが、人は「他人との差別化」によって幸せを感じるところがあるようです。

自分は、他人より知識がある。違う車を持っている。流行を先取りしたバッグを持っている。VIP待遇をされている。自分だけ名前を覚えてもらっていた。「なんか普通の弁護士のイメージと違いますね」が褒め言葉……。

「自分だけ」と感じられたり、特別扱いされたりすると、うれしいのです。

しかし、それは同時に不幸の始まりでもあります。

なんであいつが出世するんだ。なんで自分だけ持っていないんだ。なんであの人が受かって自分は落ちたんだ。自分だけサービスが悪い……。

「自分だけなぜ」と感じたり、人と比べて少しでも違った扱いをされたりすると、と

たんに不幸を感じ、文句を言いたくなるのです。

たとえば、せっかく大学に入ったのに、そこでまわりの学生と自分とを比べて、落ちつかず不安を感じる人がいます。せっかく資格試験に合格したのに、そのあと他人と年収などを比べて、不幸を感じる人がいます。お金持ちになってもさらに上がいますし、「まだまだ」と他人と比べているうちは、幸せを感じることができません。どこまで行っても、他人と比べる限りはきりがないのです。

幸せは、「探し求めるもの」ではなくて、「今をどう感じることができるか」の問題だと言われます。幸せは、今そこにあって気づかないもの。あの「青い鳥」の話です。

今を幸せに感じられたら、それが幸せなのです。幸せは、目の前にあるものです。だから、幸せを感じるコツは、他人と比べないことです。

比べないと言っても、「競争」は人を成長させることがありますし、「向上心」は、競争する気持ち、勝ちたい気持ちから生まれることもあります。

その意味では、人と比べて頑張るという生き方も一理あります。ライバルがいたほうが頑張れるというのは、何もスポーツに限った話ではありません。

ですが、その気持ちも行きすぎると自分を追いこんでしまい、不幸につながります。仕事や試験という社会のシステムにおいては、結果を出さなければ評価されないのは事実ですが、「結果」と、「自分の価値」や「自分の幸せ」は、切り離して考えたほうがいいと思います。行きすぎると、「落ちたからダメな人間だ」とか「仕事ができないから、自分には価値がない」と考えてしまうからです。

ことさらに他人と比べて優越感を意識しなくても、人は誰もが、十分に個性的で、幸せなのです。

本書で繰り返し書いていますが、人はみな違っているから、素晴らしいのです。人生に無駄なことは、何一つありません。あなたが生まれてきただけでも奇跡的なことだし、それだけでかけがえのない価値があるのです。

Message

目の前にある「幸せ」に、気づけばいい。

人生は、二者択一では選べない

二つに一つ。正解はどちらかにある——。

テストや試験の弊害の代名詞のように言われることですが、私たちは、いくつかの中から正解を選ぶということに慣れてしまっているようです。ちなみに司法試験は、論文試験や口述試験もありますが、一次試験は、五肢択一の試験です。

日々、選択に迫られる機会はたくさんあります。どうにかして二つのうちどちらかを選ぼうとします。でも、なかなかうまくいかず、ついぐずぐず悩んでしまうのです。

このまま試験勉強を続けるべきか、就職すべきか。今いる会社を辞めるべきか、続けるべきか。どちらかに決めなければいけないことはわかっていながら、なんとなくダラダラと現状維持で行ってしまいます。

人生は選択の連続ですから、択一的な選択能力に長けていると、人生をより正しい方向に進むことができるように思えます。一度は、二者択一的な選択方法で問題を考えてみることは有意義です。

選択できるということは、自由があるということでもあるわけですから、それだけで幸せなことです。

ただ、当たり前のことですが、私たちの人生は、択一的に割り切れるものではありません。右か左かを選ぶのではなく、いったん後ろに戻ったり、上に行ったり、下に行ったり、何でもありです。

実際の裁判では、片方の当事者が一〇〇パーセント悪いという事例は、きわめてまれです。どちらの言い分もあるわけで、両方の意見を聞かなければなりません。

二者択一で選べない。それが、現実なのです。

現実は、矛盾に満ちています。優しい気持ちと残酷な心、友達も大事だけれど自分も大切、人権問題に取り組みたいけれどお金も欲しい、死にそうなほどつらいけど続けたい……。

ただ、矛盾の境地を超えた選択方法もあると思います。「Aか、Bか」ではなく、「A

も B も」と選ぶこともできるのです。そうすることは、どちらかを選ぶよりも大変な努力が必要になるかもしれませんが、自分が心からそうしたいと思ったなら、それでいいのではないでしょうか。

二者択一しかないと決めつけなくてもいい。もともと世の中は矛盾だらけなんだ、と思えれば、楽になれるような気がします。それは優柔不断とは違うのです。

Message

「AもBも」という選択方法もある。

自分の人生をもう一度やり直すとしたら

「他人が笑おうが笑うまいが自分で自分の歌を歌えばいいんだよ。歌にかぎらず他人の判断ばかりを気にしていては本当の人間として責任がもてない。もし自分がヘマだったら、〝ああ、おれはヘマだな〟と思えばいい。もし弱い人間だったら〝ああ弱いんだなあ〟でいいじゃないか」(『強く生きる言葉』イースト・プレス)

これは、あの「太陽の塔」で有名な芸術家、岡本太郎氏の言葉です。

本当に強く生きることのできる人の言葉だなあと思います。私なんか、ときどき何もかもオールリセットにして、やり直したいと思うときがあります。

自分の人生をもう一度やり直したらどうなるんだろう、と「別の人生」を空想することがあります。もう一度学校に入り直して、留学もして、違う仕事をして、違う人とめぐりあって、何もかも違っていたら、もっと楽に生きられるかもしれない。もしも何カ国語もペラペラに話せたら、お金儲けの才能がもっとあったら、歌を上手に歌えたら、ピアノがかっこよく弾けたら、人づきあいがもっとうまければ……。

結局は、もっと楽をしたいという自分の弱さが、こうしたことを思わせるのです。でもやっぱり、うらやましいなと思うことはたくさんあります。

以前、スイスの友人と話をしているときに、こんなことがありました。

彼は、その場にドイツ人が来ると、ドイツ語で話を始めました。レストランでフランス人のウエイターが来れば、フランス語で楽しそうに冗談を言い合い、かかってきた携帯電話ではイタリア語で受け答えをしていました。それがとても自然で、うらやましかったものです。自分も、彼のようにスイスで生まれ、いろいろな言葉の中で育ったのなら、ペラペラだったのかなと思いました。

でも、あとで彼に「子どものころ、語学の勉強が大変でつらかった」と聞いて、「彼も必死に努力して、何カ国語も使いこなせるようになったんだ。自分で、夢を現実に変えてきたんだ」と気がつきました。生まれつきの才能によって、何の苦労もせず、ペラペラになれていいなと勝手に思いこんでいた自分が、恥ずかしくなりました。

きっと、どのような人生でも、苦労はあるでしょう。

どんなに素晴らしい才能を持っていたとしても、それを伸ばすのは本人の努力以外の何ものでもありません。ただそれを見せていないだけで、誰でも、苦労や困難を抱えているものなのです。

だから、「別の人生だったら」と思い悩み、人をうらやむことはやめることにしました。たとえ、今とは違った人生であっても、またそのときにも、同じようなことに悩んだり、苦労したりするはずなのです。

そう思うと、今を大切にするしかない。今、逃げないで、進むしかない。

私は、死ぬときも前のめりに倒れたいと思います。

「自分を賭《か》けることで力が出てくるんで、能力の限界を考えていたら何もできやしないよ」（岡本太郎）

Message

「別の人生」は存在しない。今を大切に生きることから始めよう。

おわりに

私が「伊藤塾」を立ち上げたのは、一九九五年のことです。盟友・西肇氏とともに設立しました。

以来、「伊藤塾」のホームページに「塾長雑感」というタイトルで、自分が日々感じたことを、毎月、発表しています。

その「塾長雑感」を、二〇〇二年に『自分を信じてゆっくり進め!』(ダイヤモンド社)という単行本にまとめました。

本書は、その『自分を信じてゆっくり進め!』の刊行後に書いた新しい原稿を付け足し、『夢を現実に変える方法』というテーマのもと大幅に書き直したものです。そのため、単行本のときとはまったく違った、新しいものになっています。

「塾長雑感」は、今でも継続して「伊藤塾」のホームページに掲載していますので、もしよければのぞいてみてください。

本書では、難しい憲法や法律関係の話はあえて割愛しましたが、最後に少しだけ、憲法についてふれたいと思います。

私は、日本の憲法の根本精神は「愛」だと考えています。それは、「慈悲」や「思いやり」と言ってもいいかもしれません。

私たち人間は、人と人との関わりの中で生きています。

憲法には「個人の尊重」という考え方があります。それは「individual」、つまり「これ以上分けることができない、最小単位としての個人」を、ただ尊重することではありません。人間、つまり「人と人との間の関係性」の中で初めて、それぞれが真に生きることができる存在を尊重するということです。

それは「生きることの意味」にも、ヒントを与えてくれます。人は、自分一人のために生きるのではなく、ほかの人の幸せに貢献するために生きているということです。

人と人の間に生まれる、慈しみや感謝の気持ちを大切にしたい、生かされていると実感できる生き方をしたい。心からそう思います。

私は、「法律家」とは、サービス業であるととらえています。弁護士、司法書士、行政書士、社会保険労務士、裁判官、検察官、行政公務員……。すべて、人々の幸せづくりに奉仕する仕事です。

ここで言う「奉仕」とは、「人の幸せづくりに協力できること」だと考えています。そして、「人の幸せづくりに協力すること」は、自分自身の生きがい、生きている意味につながると思うのです。

私には、本書にも何度か書いた「真の法律家の育成」のほかに、もう一つ夢があります。

それは、地球をすべての子どもたちが笑顔ですごせる星にしたい、ということです。この地球という惑星に住む、世界中の子どもたちが、笑顔ですごせるような世の中をつくることに貢献できたら、どんなに素晴らしいことでしょう。そんな大それた夢を持っています。そのためにまずは日本を、人権先進国、優しさ先進国、そして平和先進国にしたいのです。

地球を、すべての子どもたちが笑顔ですごせる星にしたい。

日本を、平和先進国にしたい。

それが、私の大きな夢。そして夢は、果てしなく広がっていきます。

あなたの夢は、何でしょうか。

本書が、あなたの夢を現実に変える一歩になればうれしく思います。

本書は、二〇〇二年にダイヤモンド社より出版された『自分を信じてゆっくり進め！』を改題し、大幅に加筆・修正したものです。

伊藤　真（いとう・まこと）
1958年、東京生まれ。伊藤塾塾長。81年、東京大学在学中に司法試験合格。その後、受験指導を始めたところ、たちまち人気講師となり、95年、「伊藤真の司法試験塾（現、伊藤塾）」を開設する。「伊藤メソッド」と呼ばれる革新的な勉強法を導入し、司法試験短期合格者の輩出数全国トップクラスの実績を不動のものとする。深遠でわかりやすい講義、他の追随を許さない高い合格率、そして「合格後を考える」という独自の指導理念が評判を呼び、「カリスマ塾長」としてその名を知られている。主な著書に『夢をかなえる勉強法』（小社）、『伊藤真試験対策講座（全13巻）』（弘文堂）、『高校生からわかる日本国憲法の論点』（トランスビュー）などがある。
http://www.itojuku.co.jp/

サンマーク文庫
夢を現実に変える方法
二〇〇七年二月十日　初版印刷
二〇〇七年二月二十五日　初版発行
著者　伊藤　真
発行人　植木宣隆
発行所　株式会社　サンマーク出版
東京都新宿区高田馬場二－一六－一一
（電）〇三－五二七二－三一六六
印刷・製本　共同印刷株式会社

ISBN978-4-7631-8430-6 C0130
ホームページ　http://www.sunmark.co.jp
携帯サイト　http://www.sunmark.jp